民主主義の壊れ方

クーデタ・大惨事・テクノロジー

ケンブリッジ大学政治学教授
デイヴィッド・ランシマン

若林茂樹 訳

白水社

民主主義の壊れ方——クーデタ・大惨事・テクノロジー

民主主義の壊れ方＊目次

装幀＝コバヤシタケシ　組版＝鈴木さゆみ

はしがき　考えられないことを考える

永遠につづくことなどない。民主主義が過去のものとなる可能性は常にあった。だれひとりとして――一九八九年に歴史の終わりを唱えたフランシス・フクヤマさえも――民主主義の美徳が永遠のものだとは信じていなかった。[1] けれども、ごく最近まで、西欧民主主義国の人々は、それはまだずっと先のことだと、少なくとも自分たちが生きている間にそのようなことはないと思っていた。現実に目の前でそれが起きると予想した人はいなかっただろう。

しかし、二十一世紀に入り、約二十年が過ぎた今、どこからともなく問いが投げかけられている。民主主義は終わりの時を迎えるのか？

多くの人と同じように、この問いが私を捉えたのはドナルド・トランプがアメリカ合衆国大統領選挙に勝利してからである。哲学の言葉を借りれば、民主政治を帰謬法（*reductio ad absurdum*）で説明するようなものだ。こんな馬鹿げた結果になったのは、どこかに決定的な間違いがあったためだ。トランプが答えなのだとすれば、もはや正当な問いを立てることは難しいであろう。しかし、トランプだけが問題なのではない。トランプの選挙も、不信感と不寛容によって分断され、さらに粗暴な批判やインターネットを通じた中傷、相手の話を遮る罵しり合いで過熱し、政治の不安定さはいや増したのである。アメリカだけではない。多くの国で民主主義は混迷を深めている。

最初にはっきりさせておきたい。私はトランプがホワイトハウスの主となったから民主主義が終わると言っているのではない。アメリカの民主制度は、あらゆる障害に耐え得るように設計されており、トランプ大統領の奇妙で不安定な行動も例外ではない。彼の政権の後、事態がさらに歪になることはなく、型どおりの政治に戻るだろう。それでもトランプがホワイトハウス入りしたことは困難な挑戦を突きつけた。アメリカの民主主義が失敗するとどのような影響があるのだろうか？　先進民主主義に耐えることのできないものとは何か？　今、こうした問いを考えなければならないことはわかっている。しかし、答えがわからないのだ。

私たちの想像する民主主義の失敗は時代遅れのものだ。二十世紀の遺物にあまりに囚われすぎている。民主主義が崩壊するというと思い浮かべるのは、通りを走る戦車、挙国一致を訴える見掛け倒しの独裁者、暴力と弾圧の横行といった一九三〇年代、あるいは一九七〇年代の光景である。トランプ政権は過去の専制国家と多くの点で共通する。そうした時代が再現されることはないと楽観してはならないと警告されてきた。その他にも危険が迫っているのではないか？　過去と似たような間違いの兆候を探しているうちに、私たちの経験したことのない形で誤った方向へ迷い込んでいるのではないだろうか？　これは恐ろしい脅威だ。私には、一九三〇年代と同じことが繰り返されるとは思われない。ファシズム、暴力、そして世界大戦の夜明け前が再び到来したわけではない。私たちははるかに豊かになり、成熟し、ネットワークで繋がっている。社会はすっかり変わった。また過去に何を誤ったのかという歴史的考察も確立されている。民主主義が終わる時、私たちは、どのような形で終焉するかに驚かされることになるだろう。間違った場所を探している間にも、終わりの時は近づいている。

現代の政治学は、第一に、民主主義をどのように進歩させていくのかという見当違いの問いに囚われ、民主主義の失敗について改めて考えることをしない。それは理解できる。民主主義は、二歩進んで一歩下がるというプロセスで世界に広まった。アフリカ、中南米、アジア諸国の一部で一時的に民主主義が成立することはあった。だが、クーデタなどで軍が政権を奪取し、民主化が再び起きないように制圧された。チリ、韓国、ケニヤでこうした事例がある。政治学において謎とされることの一つは、民主主義の定着する条件である。基本的には信頼の問題だ。選挙結果によって何かを失う人が、次の選挙を信じて待つ。裕福な人は貧しい人からお金を取られることがないと信じる。軍部は市民が銃を奪いにこないと信じる。そう信じられることが必要なのである。だが、こうした信頼はしばしば裏切られる。そして民主主義が崩壊する。

こうした結果を見て、政治学者は民主主義の失敗を「退行」（backsliding）と定義する。相互の制度的信頼関係が構築される前の状態に民主主義が逆戻りするというのだ。私たちが、民主主義はどこで誤ったのかを過去の例に遡って探る理由がここにある。民主主義の終焉によって、私たちはスタート地点に戻ると仮定する。創造するプロセスが逆回転すると考えるのである。

本書で、私はそれとは異なる視座を提供したい。民主主義への信頼が堅固で揺るぎない社会において、政治の失敗とはどのように顕現するのだろうか？　私たちが長年信頼してきた制度は機能しなくなった。けれども、そのことに気づいてすらいない。この制度にいつまで固執するつもりなのか？　これが、二十一世紀に投げ掛ける問いである。制度には、民主政治の基本である選挙が含まれる。それ以外に、議会民主制、司法の独立、報道の自由も射程に入る。いずれも定められた機能は発揮するが、本来なすべき役割を果たせていない。空洞化した民主主義は私たちを幻惑し、安全を脅かす。信頼し、救済を求めつづけても答えはなく、私たちは不満と怒りのために血が沸き立つだろう。民主主義は、外形的には無傷のまま、破綻することになる。

こうした見方は、民主政治や政治家の信頼が損なわれたと西欧で喧しく言われていることからすると奇妙に思われるだろう。今ほど有権者が選挙で選ばれた政治家を忌み嫌い、信用しない時代はない。しかし、信頼が損なわれたからといって銃を手に民主主義に反対しているのではない。むしろ、絶望して武器を放り投げてしまう。結果として民主主義はいつまでも残る。いつ終わりの時を迎えるのか、この未解決の問いに私は答えようと思う。それは一九三〇年代ではない。

年を取るごとに若返っていくベンジャミン・バトンは多くの経験を積むことができるが、古いものが若さを取り戻す歴史観は脇に置くことにする。歴史が逆戻りすることはない。現代の西欧民主主義は、最も暗澹たる過去の時代を繰り返しているかのようだ。バージニア州シャーロッツビルで、ナチス・ドイツの鍵十字をつけて通りをデモ行進する光景を見た人、それについて双方に責任があるとするアメリカ合衆国大統領の発言を聞いた人は、最悪の事態を想像し恐れおののいたことだろう。だが、こうした暗い情勢も、忘れたい過去が繰り返されることを意味するものではない。二十世紀は過ぎ去り、戻らない。今、私たちに必要なのは新しい枠組みである。

ここで、少し違う観点から説明したい。完璧とは言えないが、本書を理解する上で役に立つだろう。つまり、西欧民主主義は「中年危機」にあるのだ。現在起きていることを過小評価してこう言っているのではない。中年危機は悲惨なだけでなく、命に関わる極めて重大な危機である。何より、これは民主主義の制度疲労、脆さ、そこにある怒り、そして自己満足との関係で理解する必要がある。また、中年危機の症状には、若い人の行動に見られるものもある。ただし、現在の事象を読み解くために、人々の若々しい行動について理解しようとすることは間違いだ。

悩める中年男性がオートバイを衝動買いするのは危険である。暴走することもあるかもしれない。それでも十七歳の子どもが買うよりましだ。恥ずかしい思いをするくらいで済む。中年はオートバイに何度か乗れば、あとは路上に駐車したままだろう。売りに出すかもしれない。危機を回避できるのであれば、別の方法でもよいだろう。ここで、惨めな中年とはアメリカの民主主義である。オートバイはドナルド・トランプだ。暴走するかもしれない。中年危機は長引くと予想され、解決できるのであればオートバイ以外の方法が望ましい。

このようなたとえを用いて、民主主義の危機について語るのは適当でないというのはわかっている。特権的な、白人中年の話であればなおさらだろう。実際、こうしたことができるのはお金持ちだけで、世界中の多くの人にそんな余裕はない。これが世界の抱える第一の問題である。しかし冗談のようだが、現実に危機は存在しているのである。そのことが、民主主義の終わりがどういう形で訪れるかをきわめてわかりにくくしている。

　人生のはじめでもなく終わりでもない、その中間に到来する危機は、まるで同時に前後に引っ張られるようなものである。よい状態になるという期待が勝れば前方に引かれる。後方に引っ張られるのはそれまで身にまとっていた古い殻を捨てられないからだ。民主主義を捨てられない事情はわかる。民主主義はうまく機能してきた。社会に長期的繁栄をもたらし、同時に、一人ひとりに主張する声を与えたことは、近代民主主義の真骨頂である。この組み合わせを実現したことは驚くばかりだ。だからこそ、私たちは民主主義に未練があり、捨てることができずにいる。これは、民主主義か、それに代わる反民主主義かという単純な二者択一の問題ではない。民主主義を構成する主要なパーツはそれぞれ機能しつづけているのだが、パーツを組み合わせた全体になると機能しないのである。民主主義《パッケージ》が解体しはじめている。人格が崩壊していく様子を、彼、あるいは彼女が粉々になったという言い方をすることがある。今の民主主義は粉々に砕けているようだ。だが、修復は不可能ではない。まだそこまでの段階ではない。

　現在の民主主義の危機は、過去の、まだ若い段階にあった民主主義が直面した危機と何が違うというのだろうか？　そこには基本的な違いが三つある。第一は、政治的動乱の規模と質が前の世代とは異なっていることである。西欧民主主義国は基本的に平和であり、最も激しい衝動も暴力以外の形で顕現される。もちろん暴力はある。しかし、それは政治の周縁や想像力の隅をさ迷い、中心に到達することはない。まるで幽霊だ。第二は、大惨事の脅威が変容したことである。かつてはそれがカンフル剤となったが、今ではそうした効果はない。人々は恐れの前になすすべなく、ただ凍りつくのである。第三は、情報通信革命によって民主主義のあり方が変化したことである。私たちは、情報通信技術を理解しているわけでも、支配しているのでもないが、依存し、ただ利用している。こうした現代の風潮が表すのは、民主主義の高齢化である。

本書は、三つのテーマから構成されている。クーデタ、大惨事、テクノロジーによる乗っ取りである。最初にクーデタ——民主主義失敗の代表選手——からはじめたい。軍事力によって民主制度を転覆することは現在でも起こり得るだろうか？　現実的でないのであれば、軍事力に頼らず民主主義を打倒することは可能なのか？　そもそも、そうした事態が進行していることに気づくことはできるのだろうか？　陰謀論が蔓延するのは、どこに脅威が潜んでいるかますますわかりにくくなったからである。クーデタは小さな密謀の積み重ねであり、陰謀がなければ成立しない。行動を伴わない陰謀論は机上の空疎な理論に過ぎず、何も解決しない。

次は、大惨事のリスクである。すべてが破壊されてしまえば、民主主義も失敗する。たとえば、核戦争、気候変動、生物テロ、殺傷ロボットは民主政治をお終いにすることが可能だ。だが、それは大した問題ではない。本当に、悲惨なまでに間違った、ひどいことが起きれば、みな生き残るのに必死になるあまり、変革を求めて投票するような余裕はなくなるだろう。けれども、脅威に直面した時に思考停止に陥り、民主主義が失われたならば、一体どれほど大きなリスクが待ち受けることになるだろうか？

三つ目は、テクノロジーによる乗っ取りについてである。知的ロボットの実現はまだ先のことになるだろう。だが、性能は劣るが高度情報処理機能を持った機械が忙しすぎる私たちの代わりに密かに判断することは、生活の中に徐々に浸透している。技術の進歩によって、私たちの生活はかつてなかったほど効率的になったが、それを差配しているのは近代政治の歴史上、最も信用の置けない会社組織である。民主主義で私たちが担う責任を、お別れの言葉も言わずにあっさりと新興勢力に委ねてしまってよいのだろうか？

最後に、民主主義に代わる、よりよい制度はあるのかを問う。中年危機は、変革しなければならない兆候かもしれない。倦怠期にあるのならば、その惨めな状態から決別すればよいではないか？　イギリスの宰相、ウィンストン・チャーチルの次の有名な言葉がある。民主主義は最悪の政治形態であると言える。ただし、これまで試されてきた他のあらゆる政治制度を除けば。彼がこう述べたのは一九四七年のことである。大昔の話だ。それ以降、民主主義よりましな制度はなかったのか？　そこで、二十一世紀の権威主義体制からアナキズムまで見ていくことにする。

本書の結論では、民主主義は実際どのように終焉するかについて考察する。到達点は一つではないと考えている。民主主義の生成してきた過程はさまざまであり、今後も世界各地で異なる発展の仕方をしていくものと思われる。トランプ大統領でもアメリカの民主主義が揺らぐことはないが、トルコの民主主義がエルドアン大統領に耐えられるという保証はない。欧州で民主主義は分裂するかもしれないが、アフリカでは成長するかもしれない。西欧で民主主義がどうなるかは、その他地域の民主主義の趨勢とは関係ない。それでも、西欧民主主義が民主主義の旗艦モデルであることは間違いない。それが失敗すれば、政治の行く末に甚大な影響を与えることになるだろう。

いずれにせよ——先に世界の終わりが到来するのでない限り——民主主義は終末に向けた長い道のりを行くことになる。現在、アメリカの民主主義に起きていることが本書の核になるが、それはさまざまな時代や場所における民主主義の長い歴史の中で理解される必要がある。私は、今の時代を一九三〇年代と結びつけて考えることから離れた方がよいと思う。これは、歴史を重要視していないからではない。むしろ逆である。過去の限られた時代が衝撃的であったからといって、それに固執し過ぎると、他の時代から得られる教訓に気づくことができない。一八九〇年代からも、一九三〇年代と同じくらい教訓が得られるのである。私はそこから遡って、一六五〇年代、さらに古代民主政までたどる。私たちが最近の出来事について抱いている不健全な固定観念から脱するには歴史の力を必要とする。それは中年にとって何よりの治療となるのである。

未来は過去とは違うものだ。そして過去は私たちが思う以上に長い。アメリカは世界のすべてではない。それでも、まずはアメリカのごく最近の過去、トランプ大統領の就任式から私の話をはじめることにしたい。それが民主主義の終焉だったわけではない。しかし、民主主義の終焉について考えはじめるにはちょうどよいタイミングだった。

プロローグ　二〇一七年一月二十日

ドナルド・トランプがアメリカ合衆国の大統領就任式に臨むのを、私はイギリスのケンブリッジ大学講堂にあるテレビの大画面で観ていた。講堂いっぱいに、防寒のために重ね着をした海外留学生が詰めかけた――ケンブリッジ大学の教室は暖房設備が十分でないので、ワシントンＤＣの壇上にいる人たちと同じように、コートやマフラーで暖かくしなければならなかったのである。しかし、冬の寒さと裏腹に、学生たちは熱気に包まれていた。学生たちの多くは笑って冗談を言い合っていた。公葬の時のような高揚感があった。

トランプが話しはじめると笑い声はなくなった。大画面に映し出されたトランプは、高くそびえる柱と垂れ下がった国旗を背景に、威嚇するような奇妙な雰囲気だった。私たちは怖ろしくなった。トランプはずんぐりした指を、空を切るように動かし、演説の最高潮では握りしめた拳を振りあげ、粗野な身振りで吠え続けた。その姿を見て、私たちはみな同じようなことを思った。まるでアニメーションで観るファシストだと。バットマンの映画で、ジョーカーが怯えきったゴッサム市の市民に演説をするシーンがあるが、それともよく似ていて、まるでお決まりの常套句を聞かされているようだった。それはあながち間違いではない。常套句の言葉は真実を語らないからだ。

トランプの演説はショッキングな内容だった。終末論的な表現で、はるか彼方にある民主主義の発する粗野な怒りを代弁し、まるで民主主義と言いながらその対極に向かっているかのようだった。「錆びついた工場が墓石のように国中に点在している……犯罪、暴力組織《ギャング》や麻薬」と嘆いてみせた。また、「私たちにはみな、同じ愛国者の赤い血が流れている」と聴衆に注意喚起し、アメリカを再び偉大な国にし、誇りを取り戻すと訴えた。それはまるで脅迫しているかのようだった。何より、彼は国民が選挙で選んだ政治家に権力の行使を信託する代議政治そのものに疑問を投げかけたのである。トランプは、職業政治家はアメリカ国民の信託を裏切ったと批判した。

あまりにも長い間、わが国の首都にいる一握りのグループが政府の恩恵を享受し、国民にツケが回されてきた。
ワシントンは繁栄しても、国民がその富に与ることはなかった。
政治家は潤ったが、仕事はなくなり、工場は封鎖された。(1)

彼は、自らの当選が、政権がある大統領から別の大統領へ、またはある政党から別の政党へと委譲されるだけではなく、国民が首都ワシントンＤＣから権力を取り戻したという特別の意味を持つものだと強調した。今後、彼の前に立ちはだかる政敵に、怒れる大衆を動員して対処するつもりだろうか？　彼を止めることのできる人はいるのだろうか？　演説が終わった時、ケンブリッジ大学の講堂は静まりかえっていた。呆気にとられたのは私たちだけではなかった。トランプより前に大統領であった一人、ジョージ・Ｗ・ブッシュは演台を降りる時にこうつぶやいた。「糞馬鹿馬鹿しい演説だ」。

現代は何度でも繰り返し複製できる時代であり、私たちはもう一度演説を観ることにした。二度目は少し違った印象だった。何を話すかわかっているのでショックは軽減された。最初の時は自分が過剰反応していたのだと感じた。トランプが言ったことがすべて現実ではない。彼の脅しめいた話し方は、あの場に相応しい礼儀を欠いており、奇妙だった。この国が彼の言うほど分断されているのであれば、あの就任演説を座って大人しく聞くことができただろうか？　彼の言うアメリカは、私の知っているアメリカとは違っていた。歴史的観点から見て、あらゆる点で社会は決して崩壊していない。

近時、いくつかの事件が起きているが、全体として暴力は減少傾向にある。富の分配が公平でないとはいえ、社会は全体として豊かになっている。人々がトランプの言うことを真実だと思ったならば、彼に投票しただろうか？　社会が崩壊するリスクがあるのであれば、それは度を越した冒険である。信じなかったからこそ、人々は彼に票を投じたのではなかったか？

これが新たな常識であると納得するのに十五分ほどかかった。トランプのスピーチライターであるスティーヴ・バノンとスティーヴン・ミラーは、反民主主義的な言葉は一切使わなかった。ポピュリストの演説ではあったが、ポピュリズムは民主主義を否定するものではない。むしろ民主主義を、人々を裏切ったエリートの手から取り戻すと主張したのである。トランプは代議制民主主義の基本的前提を争ったのではない。与えられた時間の中で、これまで人々を代弁してきた政治家に三行半を突き付けたのである。トランプは、彼に投票した人々の声を代弁したのである。もうたくさんだと。

演説を見直した時に私が注目したのは、トランプではなく、その周りにいる人たちだった。メラニア・トランプは夫とともに壇上に立っていることに居心地が悪そうに見えた。オバマ前大統領は不快そうだった。ヒラリー・クリントンは脇の方にいて、茫然としていた。統合参謀本部議長は無表情でストイックな印象だった。つまり、大統領就任の宣誓をした後、実際にトランプの発言がアメリカの民主主義を危機に陥れることはないのだ。発言は言葉に過ぎない。政治においては重要なのは、言葉を実行することである。二〇一七年一月二十日にアメリカの民主主義を終わりにすることができたのは、トランプの周りにいる人たちだった。そして誰も、何もしなかったのである。

ほかの道があっただろうか？　狭義の民主主義によれば、選挙で負けた者は敗北を認めなければならない。敗者は暴力に依存することなく、政権を委譲する。言い換えれば、不平を言わずに受け入れるのである。それが起きた時、民主主義が成立したと言える。二度目には、民主主義が制度として定着したと言える。アメリカでは、時として不安定な状態になったものの（よく知られているのは、一八七六年と二〇〇〇年の大統領選挙で、一般投票の敗者が大統領になった。トランプもそうである）、大統領選挙では五十七回、敗者が選挙結果を受け入れてきた。そのうち二十一回は、政権が一方の政党から別の政党へ平和裡に移行した。一度だけ、アメリカの民主主義はこの禁を破った。それは、一八六一年に南部諸州がエイブラハム・リンカーンを正統な大統領と認めず、四年にわたる南北戦争が勃発した時である。

別の見方をすれば、民主主義は戦闘行為のない内戦なのである。[2] 委任状争奪戦が本当の戦争に転じた場合、民主主義は崩壊する。すなわち、オバマ大統領、またはヒラリー・クリントン大統領候補が選挙結果を受け入れず拒否することが、トランプの大統領選挙勝利に伴うアメリカ民主主義最大の危機だったのである。ヒラリー・クリントンは一般投票の得票数では二百九十万票の差をつけ、これは大統領選挙の敗者として過去最高だったが、大時代の選挙人団制度のおかげで負けたのである。選挙当日、ヒラリー・クリントンは、他の敗者がしばしばそうであるように、敗北を認めることができなかった。オバマは彼女に電話をして、選挙結果を速やかに受け入れた方がよいと促した。アメリカ民主主義の未来がかかっていたのである。

その意味で、トランプの大統領就任演説より重要な意味を持つのが、選挙の翌日、十一月九日にオバマがホワイトハウスの芝生の上で行った演説である。職員はみな、選挙結果に涙し、それまで八年にわたり真摯に築き上げてきた仕事が、選挙に勝利する資格の全くない人によって水泡に帰すという思いに打ちひしがれていた。それは選挙結果が公表されてからわずか数時間後のことであり、民主党員は怒り、トランプの正統性を疑問視していた。オバマは逆の視点から発言した。

みなさん、この国が歩んできた道は決して平坦なものではありませんでした。道は曲がりくねっており、ある人は前進していると言い、またある人は後退していると思うようなものでした。でも、それでいいのです……

重要なことは、国民の善意を信じ、前進することです。国民の善意を信じることは、力強く機能する民主主義を生み出すために欠かせない条件なのです……だからこそ、アメリカが成し遂げてきた驚異的な旅路はこれからもつづくと確信しているのです。次の大統領が同じことをできるように、私は全力を尽くします。(3)

オバマが迷うことなくこうした演説をした理由は容易に説明することができる。これ以外のことを言えば、民主主義が隘路にはまり込むことになったからだ。それでもなお、次のような問いには意味がある。現職大統領が、それ以外の発言を強く望む状況はあるだろうか？　善意が、民主主義がジグザグに曲がりながら進むために欠くべからざる条件でなくなり、未来にとって足枷となるのはどのような時だろう？

もし仮に、二〇一六年の大統領選挙でヒラリー・クリントンが勝利していたならば、特に、選挙人票で勝利し、一般投票で敗北していた場合、トランプは黙っていなかっただろう。選挙期間を通して、彼は選挙結果を受け入れるのは自分が勝利した時だけだと言いつづけた。トランプが負けた場合には、オバマが言う民主政治の前提、すなわち「負けたのであれば、誤りから学び、自らを省み、傷を癒やし、態勢を整え、再び戦いの場に身を投じるのだ」(4)に挑みかかっただろう。座して傷を癒やすのはトランプの流儀ではないのだ。民主主義にとって最悪のシナリオが、選挙結果について両陣営が合意できない場合であるとするならば、二〇一六年にアメリカ民主主義は間一髪のところで難を逃れたのである。

トランプが選挙に負けていたならば、ヒラリー・クリントンの大統領就任式をボイコットしていただろうことは容易に想像できる。それは醜く、惨めなシナリオで、暴力的になった可能性すらある。それでも、連邦政府は危機的な状況になることはないだろう。他方で、もしオバマが現職大統領としてトランプの大統領就任を拒否し、ヒラリー・クリントンに政権を委譲しようとしたならば、少なくともその時点でアメリカ民主主義は途絶えたはずである。

もう一つ、民主主義を表す簡潔な定義がある。銃を保持していても、使用しないというものだ。トランプの支持者は大量の銃を保有しており、なかにはトランプが選挙に負ければ銃を使う誘惑に駆られた人もいただろう。しかし、対立候補が敗北を認めないことと現職大統領が権限を委譲しないことは大きく異なる。敗北し傷ついた候補の支持者にどれほど武器があろうと、国はそれ以上に保有している。そうでなければ国家として機能しているとは言えないだろう。ここでいう民主主義の定義で「銃を保持している」のは、軍部の指揮権を持つ政治家である。軍部の司令官に指揮命令権を持つ政治家が武力行使を放棄しないほか、民主主義は失敗する。または、軍部の司令官が政治家に従わない場合も同様である。

こういうことだ。一月二十日には、トランプのほかに、民主主義に致命傷を与える権限を持つプレイヤーが式典に列席していた。それは軍部の司令官である。たとえば、彼らが、新たな最高指揮官である大統領に核のコードを保持する資格がないと考え、命令を拒否するようなことがあれば、大統領就任式など茶番でしかないことが露呈する。ケンブリッジ大学の講堂には、トランプはその日の朝食から核のゲームの主であったという噂のおかげで多少陽気な空気が漂っていた。つまり、私たちがまだ生きているのはラッキーだというジョークである。だが、軍部の司令官が大統領に重要な情報を伝えないと判断していたとするならば、笑っている場合ではない。予測不可能な新大統領がすべてを破壊する権限を有していることよりも、軍部の司令官が権限を自らの手に握ることを選択することの方が危険なのである。

それでも、大統領の傍に座る軍部の司令官に問う価値はある。最高指揮官となった新大統領の命令を拒否するのはどのような時か？　トランプは、外国政府の影響を受けているという噂の渦中で大統領になった。また、彼は政治家の経験がなく、責任感が欠如しており、国を危険に晒す可能性がある。外交問題について経験がなく、無責任であることが最高権力者となる上で障害になるのであれば、大統領選挙の歴史は違ったものになっただろう。アメリカの民主主義は多くの困難を乗り越えてきたが、その叡智が邪魔をして今の状況に有効な策を打ち出すことができずにいる。ケンブリッジ大学にいた私たちは少し笑ったが、その後は重苦しい沈黙に包まれた。それはワシントンも同じだった。

トランプの大統領就任演説から、アメリカ民主主義が失敗する三つのシナリオを読み取ることができる。第一のシナリオは、およそ考えられないものだ。トランプがルールに従って勝利するが、国家がそれを認めないというものである。新大統領の権限は、現職大統領と軍部によって拒絶される。これは内戦に繋がる。オバマは選挙結果の判明した瞬間に、そうした事態となる可能性を排除したのである。第二のシナリオは、実現してもおかしくなかったが、実際にはそうならなかった。すなわち、ヒラリーが勝利し、トランプがそれを認めないというものだ。必ずしも内戦に至るわけではない。それは、失望したトランプの支持者がどこまで争うか、または我慢するかにかかっている。その先どうなるか、答えはわからないが、怒りの声がどれほどあったとしても、暴力が長続きするとは思われない。トランプのために殺人を犯す人はいるかもしれない。しかし、彼のために死ねるのか？　これは全く別の話である。

第三のシナリオは、これが実際に起きたことである。トランプが勝利し、アメリカの政界が堪え忍ぶことを選択するというものだ。ある者は安定をもたらすことに希望を見出し、政権に渋々ながらも参画した。また、ある者は顔をしかめ、ただ最悪の時が過ぎるのを待っていた。人々は、トランプの言葉がアメリカ民主主義制度の柔軟性によって消耗され、懐柔されると信じていた。これは賭けである。トランプが懐柔されなかったらどうするのか？　代替案は、トランプ大統領を認めないというものだが、これはさらに無謀である。それでも、一九三二年から一九三三年に、ドイツ政治の既成勢力はヒトラーを懐柔できると考えていたが、逆に飲み込まれてしまった。今回の賭けはこの時ほど破滅的ではない。二十一世紀のアメリカはドイツのワイマール共和国とは明らかに異なる。アメリカの政治制度は闘争の中で鍛え上げられている。社会はさらに豊かになっている。人々のやるべきことは多く、民主主義に武力で挑むほど暇ではない。

先に述べたように、この賭けの決着はまだついていない。そして、民主主義が生き残る方に分がありそうだ。トランプが大統領になっても民主主義はこれまで通り機能している。トランプの破壊的な脅威とそれを阻止しようとする政治システムのせめぎ合いはつづいており、それは特に煽動的な動きのある時に顕著である。煽動的民主指導者は、言行不一致を体現する。トランプは自分への忠誠を拒否する勢力に取り囲まれている。

議会は彼が考えていたほど思うようにならないことが明らかになった。司法も大統領令に立ちはだかった。他方、判事に空席ができれば、自分の意に沿う人物を任命することには成功していた。対照的に連邦政府には、埋めることができないのか、埋める気がないのか定かではないが、依然として空席となっているポストが目立つ。また、裁判所と判事の数は多く、トランプが精力的に任命していっても意図したような影響力を行使するには至らない。過去の大統領の例にもれず、司法に対する影響力を実感できるのは任期を過ぎてからずっと後のことになるだろう。ポピュリストが司法頼みで行動を起こしたとしても、さほど効果は見込まれない。トランプにはお付きの人や支持者がいるわけだが、それは歴代の大統領も同じである。彼を支持する輪は小さく、それも縮小傾向にある。アメリカの民主主義を意のままにするのは全く容易でない。

実は、トランプ支持者にとって、この状況は第一のシナリオと大きく変わるものではない。アメリカはトランプの大統領選勝利を認めないことも、彼の権限を拒否することもしなかった。そこまではっきりと明示する必要がなかったからである。その代わり、就任初日から「ディープ・ステート〔国家内国家、闇の政府〕」と呼ばれる勢力がトランプの権限を弱めてきた。密かに裏切りが行われてきたのである。かつて政界の権威に逆らって無傷だった大統領はいなかったという意味で、民主主義はとうの昔に機能を停止していたと言える。トランプに対するクーデタは起きていない。だが、大統領に就任した初日からクーデタの噂は絶えず、トランプの支持者は、彼を従わせようと策略をめぐらすのは民主党だけでなく、同じ共和党内にも政敵がいると主張する。右派の政治コメンテーターであり、民衆煽動家でもあるラッシュ・リンボーはこれを「静かなクーデタ」(5)と呼ぶ。どうやらクーデタの意味を理解している者はもはやいないようだ。

対照的に、トランプに頑強に反対する勢力にとっては、現実は第二のシナリオの変形とも言える道を進んでいる。トランプは大統領選挙に勝利したが、その結果を受け入れず、つまり大統領らしく振る舞うという認識がなかった。一般投票で負けたことすら、不正選挙によって得票数が少なくなるよう操作されたからだと主張し、認めようとしなかった。歴史上はじめて、大統領選挙の勝者が選挙結果を受け入れないという事態が生じたのである。このようなことは民主主義のどのような理論にも想定されておらず、したがって政治学者はコメントしなかった。トランプ大統領は決して批判を許さず、たとえ彼にとって都合のよいことであったとしても争わない保証はないほどだ。こうした態度は大統領就任式の時からはじまっていた。彼は、就任式に集まった群衆の数は莫大だったと発言したが、それは事実に反していた。彼は民主主義の原則を外れたところから統治するので、私たちは、その反対側に真実があることを理解する必要がある。トランプは、自らを大統領に受け入れたシステムまで愚弄しているのだ。

このように、トランプはアメリカ民主主義のシステムと格闘しているわけだが、他方、トランプ大統領という現実を認めない勢力との争いも繰り広げられている。陰謀論と「オルタナティブ・ファクト」の渦巻く影の世界が存在する。そこで何が行われているかを考える場合、政府要人には反民主的な動機があることを前提にすると真実が見えてくる。民主主義は機能しているように見えるが、実際は機能していない。それは、ルールに従わない勢力が存在するためである。お互いを認め、受け入れようとしない利己的な党派対立によって政治秩序は既に崩壊しているが、誰も認めようとしない。戦闘なき内戦ではなく、言葉による戦いが展開されているのだ。党派対立という、見えない冥界の存在は、アメリカ民主主義の問題の深刻さを覆い隠している。

トランプ大統領の就任式に空席があれば、または、就任式すら開催されなければ、民主主義に迫る脅威が誰の目にも明らかになっただろう。戦線が出現すれば、争いのあることに疑義はなくなる。大統領就任式が暴力によって破壊されるのではないかと懸念されていたが、もしそうなれば、やはり、私たちは自らの置かれた状況を理解しただろう。だが、その日、万策尽きたことを示すものはどこにも見られなかったのである。民主主義が侮辱される式典は、さながら漫画アニメのようで現実感がなかった。それ以外のことはすべてルールに従って、定められたとおりに行われた。抗議する者の憤る様子が見られたが、礼儀はわきまえていた。要人は品位を保っていた。アメリカ民主主義が根本的に間違っているのは明らかだが、それは闇に隠れており、目に見えないのである。

トランプの大統領就任式以来、多くの人と同じように、私も長い時間、彼について考えた。だが、それは間違いかもしれない。現職大統領が私たちの注目を集めるようなことをどれほどしたところで、アメリカで民主主義が終焉することはないのかもしれない。二〇一七年一月二十日、世界中が身じろぎもせずに注目したのは、単純に目が離せなかったからに過ぎない。トランプ劇場は見る者を惹きつけるが、滑稽だ。そこまで派手さはなく、滑稽でもないが、同じような劇場型の政治は世界中、至る所で見られる。民主主義をめぐる争いの構図は、右派でなく反体制勢力の左派が選挙に勝利する国や、民主主義が定着していない国、あるいは逆に簡単に導入する国の方がはっきりする。さらに、軍部と民間の本格的な衝突、または権威主義が転覆することでも起きない限り、民主主義が終焉しないのであれば、終焉の地の候補はアメリカ以外にいくらでも思いつく。本書は、アメリカだけを対象にしているわけではない。デリー、イスタンブール、アテネ、ブダペストも見ていく。トランプ大統領によって、民主主義に大いなる脅威が突きつけられている現実から人々は目を逸らされているのかもしれない。

それでも、アメリカは重要である。トランプの実態が目くらましであったとすればどうだろう？　陰謀論的な意味ではない。トランプの不可思議な行動が、民主主義制度に対する集中攻撃を人々に気づかせないために慎重に計算されたものであると言うつもりはない。トランプは見たままの人物で、それ以上でもそれ以下でもないと思われる。問題は、行動が予測不可能であることだ。彼は奇異であるとともに威圧的であり、普通に見えることもあれば、奇抜でもある。民主主義が受け入れることのできる範囲にとらわれない。彼の大統領就任式を見て私は混乱した――十五分の間に、最初はショックを受け、次にはショックを感じなくなり、ということが起きた。それはその一度だけではなかった。今でも同じように感じることがある。近年の民主主義政治家の系譜で、トランプほど同時に相矛盾した印象を相手に感じさせる人はいない。彼は馬鹿げているが、恐ろしく真剣でもある。理解不能だが、同時に子どものように無邪気でもある。彼は世の中をパニックに陥れるが、冷静に歩みつづける動機にもなる。

トランプがアメリカ民主主義の歴史において重要とされるのは、民主主義の終わりの時でなく、まだ終わりのはじまりとも言えない段階というタイミングで登場したからである。アメリカ民主主義は、世界で最も重要であるだけではない。世界で最も歴史の古い民主主義国の一つなのだ。その起源がいつかについては諸説ある。一七七六年、連邦国家の成立時を起源とする説もあるが、現代の感覚では奴隷制を持つ制度を真の民主主義と言うことは適切ではない。奴隷制が廃止された後も、権利を与えられない人は多かった。二十世紀に入り、女性解放運動が起こり、さらに、公民権運動によって、ようやく現代的な意味で民主主義と呼べる制度が確立されたのである。そのように考えると、アメリカ民主主義の歴史は百年を経ておらず、せいぜい五十年か六十年と考えられる。政治学的には、それでは歴史が古いとはみなされない。だが、成立するかしないかの段階で息の根を止められた民主主義がどれだけあるかを思えば、新興勢力ということでもない。言うなれば、中年といったところだろう。古代アテネの民主政は二百年の間存続した。アメリカ民主主義の歴史はその半分にも満たない。

死について考えることは簡単ではない。それが自分の死であればなおさらだ。だが、中年に差し掛かっているのであれば、考えはじめる頃合いだろう。もはや若い時のように、他人事として片付けることはできない。誰にでもいつかは訪れることなのだ。中年になるということは、死の兆候に気づくということでもある。劇的な死を迎えることもあり得る。実際にそうなった事例はある。だが、一方で、あらゆる痛み、苦痛を死の兆候と考えるのはお笑い草だ。そうした心気症はそれ自体が病である。人生はまだつづいており、その先にはよいこともある。アメリカ民主主義は現在、その段階にある。

政治思想史には、人為的に建設された国家を生きている人間と比較するものが多い。だが、こうしたアナロジーはいかがわしい。政体も死ぬ運命にあると言うことは、何としてでも持続させようという努力をしない言い訳に過ぎない。「王様が死んだ！　王様万歳！」でお終いではない。人間が年齢を重ねていくことから政治は学ぶべきだ。アメリカ民主主義は、疲れて気難しくなった中年なのである。心気症にもなるだろう。些細なことで死を恐れることは、死について真剣に考えることと同義ではない。恐れによって人は無力になり、集中して行動することが難しくなる。また、失うものがないと無謀になることもある。中年危機は、さまざまな形で現れる。現在のアメリカは、複数の症状が併発している状態なのかもしれない。

政治体制の存続を人間の寿命にたとえるアナロジーの最大の欠陥は、私たちは人間の寿命についてはわかっている、少なくともわかると思っているが、国家がどれほどの期間存続するかはわからない点にある。アテネの民主政が二百年で終焉したからといって、それが民主主義の条件になるとは限らない。現実にアメリカ民主主義が存続期間の中間地点にあるとしても、それが始期の方にあるのか、終期に近いのかを知る術はないのである。

かたや、それと同じように人間についても事情が変わってきている。シリコンバレーなど一部で、ごく少数の特権的な層が永遠に生きることを考えはじめた。技術の進歩によって、自然の生命サイクルに抵抗し、二百年、二千年、あるいは永遠に生きつづける人が現れるかもしれない。そうした人たちより、アメリカ民主主義の方が早く死を迎えるだろう。国家は、人の寿命よりも長く存続することが前提とされてきた。だからこそ国民は、必要とあれば死を賭してまで守ってきたのである。その反対に、国家が国民のために死ねるだろうか？　どちらが長寿かという構図は変わりつつある。

人はいつか死ぬということが絶対的な真理でなくなり、国家が中年という落ち着かない段階に差し掛かったタイミングで、政治的には子どものままという老人が元首になった。それを示したのが、ドナルド・トランプの大統領就任式なのである。民主主義が存続するとはどういうことか、その死は何を意味するのか、今、そのことが改めて問われている。

舞台をワシントンに戻す前に、アテネで起きたことを振り返ることにしよう。

第一章　クーデタ！

民主主義は、驚くほど劇的な事件が起きた時に失敗するものだと考えられがちだ。それは公的出来事であり、現代史上も数多く見られた。民主主義が死んだ例は世界中にある。私たちはよく知っている。およそ次のようなものだ。

それが起きると事前に知らされることはない。一夜のうちに戦車が市街地を包囲し、兵士がラジオ局やテレビ局、郵便局といった情報通信施設を占拠する。首相が逮捕される。同様に、選挙で首相を承継すると目される人も概ね三週間以内に逮捕される。国会議事堂や王宮も占拠される。危険人物のリストが兵士に配布され、検挙されて隔離される。これらのことが数時間で実施される。クーデタの首謀者である大佐は国王のところへ行き、自分が正統な最高指導者であることを認めるよう要求する。大佐はこう言うだろう。「この国を救うために、国王の名によってクーデタが行われました」と。国王は怒り、こう尋ねる。「首相はどうした？　政府はどうなったのか？」と。そこで大佐は、「もうおりません。全員逮捕しました」と答えるのだ。(1)

一九六七年四月二十一日夜、ギリシャの首都アテネで、左派のリーダーであるアンドレアス・

パパンドレウをターゲットにクーデタが決行された。アンドレアスは、父であり中道連盟党を指揮するゲオルギオスとともに、民主的な選挙によってギリシャの次期政権に就くことが有力視されていた。しかし、アメリカの情報機関に煽動された軍部の一部は、アンドレアスがギリシャをNATOから離脱させるつもりではないかと疑いの目を向けた。また、彼が軍部の勢力を一掃するつもりであると懸念していた。逃走劇の末に、アンドレアス・パパンドレウはギリシャ郊外の別荘にいるところを捕らえられ、小さなホテルに軟禁されると、武装兵士の厳重な監視下に置かれた。彼はそこで、ニューヨークタイムズのジャーナリスト、サイラス・サルツバーガーの訪問を受け、その時の様子は「表情こそ威厳を保っていたが、口の周りにはうっすらと灰色の無精ひげを生やし、恐怖を感じている人が時々そうするように、手は落ち着かず動いていた」と書かれた。(2) パパンドレウは、コンスタンティノス二世が大佐の要求を受け入れる代わりに誰も殺さないことを条件としたことを知らなかった。未来の首相は、自分が生きるか死ぬかわからない状態が二十四時間つづいたのである。

クーデタが成功した理由は、迅速かつ果断に行動し、そして相手の隙を見事についたことにある。軍部の上層部も、若い士官が何を企んでいるか知らなかったという点で、同様に不意をつかれた。ギリシャ市民が夜眠りについた時は民主主義の社会だったが、翌朝目が覚めると、もはやそうではなかった。これはまさにクーデタの典型的な成功事例であり、クーデタを境に、その前後には明確な違いがある。四月二十二日、ギリシャのラジオ局はいつもの放送を停止し、軍歌を流しつづけた。それは新体制の命令が発せられると中断した。政党は廃止され、軍事裁判所が設置され、表現の自由は失われた。同時に、戦車が大通りを占拠した。クーデタで重要なのは、誰にも疑いをはさむ余地のないように示威することである。疑いを一切持たせないことが、民衆を従わせる唯一つの方法なのだ。そうでない場合は失敗するか、内戦になる。

急速に終焉に向かうからといって、人間が心臓発作で突然死するように、健全な民主主義が突如として終わることはない。実際、ギリシャの民主主義も長い間、迷走をつづけた。クーデタの原因として考えられることはあまりに多く、特定されずにいる。国はイデオロギー的には左派と右派に二分され、体制は国王、軍部、議会に分断されていた。それぞれが相手を信用せず、また派閥内にもさまざまな派閥があった。それは選挙でも収斂することはなかった。一九六一年に行われた総選挙では、〔左派が躍進し、共産主義勢力が復活することを恐れた〕右派勢力の民族急進連盟（ＥＲＥ）が、暴力による選挙妨害を行い、強引な形で選挙で勝利した。多くの主要政治家が殺されたが、加害者が法で裁かれることはなかった。国王は議会の承認なく首相を次々に変え、一体誰がトップであるのかわからない状態がつづいた。恐らく誰にもわかっていなかっただろう。

さらに、ギリシャが冷戦の前線基地であったことが問題を一層複雑にした。ＣＩＡの関与が至る所に見られた。サルツバーガーもＣＩＡのエージェントであると言われていた。それ以外に、彼がいち早くパパンドレウと接触できた理由が説明できるだろうか？　もしアメリカ人でないとすれば、関与していたのはロシア人だろう。穏健な左派は実は共産主義勢力だと糾弾されていた。

トルコが侵略するという昔からある偏執的な妄想が、陰謀論の拡大に拍車をかけた。冷戦時代には、特にギリシャのように、地政学的に両陣営に翻弄されやすい国が偏執的になるのは当然だった。当時のギリシャは欧州の平均からしても貧しく、国全土を巻き込んだ内戦が終結してからまだ二十年も経っていなかったのである。民主主義の基礎はまだ築かれていなかった。クーデタが起きたことは、驚きをもって受け止められたが、同時に、以前から予想されていたことでもあった。

ギリシャの民主主義が脆弱であったことが、クーデタを可能にした。それはまた、クーデタが必要だと首謀者たちが考える理由でもあった。大佐たちは政治的分裂を口実に権力を手中にした。機能していない民主主義は止めなければならない。しかし、それだけではクーデタを正当化するのは難しい。民主主義が脆弱なのであれば、それを止めるのになぜ暴力的な手段まで必要としたのか、十分に説明することはできない。なぜ多くの者を逮捕し、戦車で道路を占拠し、軍歌を流す必要があったのか？　民主主義以外に、大佐は何を恐れたのだろうか？

ここで時計の針を一気に五十年進める。ギリシャの民主主義は再び苦境にある。国全体が、イデオロギー的に、また体制的に分裂している。景気も悪い。経済は現代史上、最悪の不況にある。国民所得の落ち込みは長期にわたって深刻であり、アメリカの大恐慌時代と比較しても、驚くほどひどい状況にある。若年層の失業率は五十パーセントを上回る。ドイツのせいで状況が悪化しているとする陰謀論が蔓延している。陰の権力者の存在が取り沙汰されているが、権力者などいない。選挙も事態を改善する助けにならない。誰が勝利しようと問題は解決しない。民主政治に対する信頼は史上最低水準にある。

こうして見ると、次のクーデタがいつ勃発してもおかしくない状況である。トルコに侵略されるという昔からの懸念に取り憑かれていることが影響して、ギリシャは今でも十分な軍事力を保持している。それに加えて、怒れる市民、エリート層の分断、深刻な不況、外国の干渉なども起きており、ギリシャ民主主義が終焉する材料は揃っている。それでも、一九七四年の軍事政権崩壊後、クーデタはなく、発生する兆しも見られない。議会では「黄金の夜明け」(Golden Dawn)というネオファシスト政党が議席を有しており、軍事独裁政権が望ましいと公言しているが、少数意見であり支持率は十パーセントを僅かに上回る程度だ。軍事力行使による政権奪取の可能性は低いと言えるだろう。ギリシャが一九六七年のようなクーデタを繰り返すことがあれば、驚くほかない上に理解不能である。

何が変わったのだろうか? 第一に、体制分裂の様相はすっかり様変わりした。かつての国王、軍部、そして議会という構図に代わり、現在、行き詰まっているのはEU、銀行、そして議会の関係である。ここでは誰も銃を携えてはいない。戦いはビジネススーツに身を包んだ男女が、スプレッドシートを駆使して行うのである。権力闘争においてギリシャ軍部は主要プレイヤーではない。傍観者に過ぎないのである。

第二に、現在は冷戦時代ではない。冷戦は終わり、西欧民主主義と敵対するイデオロギーの、存続を賭けた争いという構図はなくなった。ギリシャの戦線は、今では国際金融と主権国家の間に引かれているのである。そして、シリアなど内戦の影響で世界各地から流入する難民の問題に苦慮している。アメリカはギリシャの動向を注視しているが、その背景と事情は、ギリシャが共産主義に取り込まれるとアメリカ自らが危うくなった時代とは異なる。ＣＩＡの優先順位も変わった。冷戦という夜目にも鮮やかな戦線の代わりに、ロシアと覚しき勢力の、目に見えない形での国内政治への干渉が感じられる。中国も関わっているが、こちらは軍事目的ではなく、投資機会を探っているのである。

変わったのは政治状況だけではない。ギリシャという国が変わった。一九六七年とは大きく違う国になったのである。この十年でＧＤＰは約四分の一減少し、国は貧しくなったが、それでも、五十年前よりははるかに豊かである。経済規模は一九六八年から二〇〇八年にかけて五倍に拡大し、一人当たりＧＤＰはピークでは三万ドルに達した。現在は二万ドル近辺である。これは、政治学者が民主主義が軍事クーデタによって転覆させられる可能性が高いとする閾値を大きく上回る水準だ。一人当たりＧＤＰが八千ドル以上で民主主義が軍政化した例はない。なぜだろうか？理由ははっきりしないが、所得水準が高くなると、人々の動機も変わると考えられる。軍人であれ、政治家であれ、人々は失うものが大きくなるほど、すべてを破壊する行動を起こす前にもう一度考え直すようになるのである。

五十年後のギリシャは、高齢化が進んでいた。現在、総人口の中央年齢は世界でも高い国の一つだ。国民の半数は四十六歳以上である。近時の危機のさなかでも、流血の一九六〇年代、一九七〇年代より明らかに暴力は少ない。政治的暴力は若い人によって引き起こされるものである。若年層の失業率が高いにもかかわらず社会不安が起きないのは、単にギリシャにはそれほど若者がいないからなのかもしれない。学生よりも年金生活者の方がはるかに多い。人口動態で見ると状況は末期的だ。ある村では、新生児ひとりに対して死者は十人である。二〇〇八年に経済危機がはじまって以降、約五十万人が国外へ流出したが、全人口の五パーセントに過ぎない。四十歳未満の人の多くは現在も国内にとどまり、生きるために両親や祖父母の資産を食いつぶしている。人口減少のペースが遅いことは、民主主義が存続するための要件であるかもしれない。政治の前提条件が変わると、大きな変革は起きなくなり、社会は衰退へ向かうのである。

高齢者は若い人よりも多くの記憶を持つ。「黄金の夜明け」は、社会から疎外された若年層の支持を集めた。彼らは大佐たちの時代と結びつけられることを気にしていない。それは当時の記憶も知識もないからである。逆に、年齢層が高くなるほど、当時の記憶は鮮明である。それは暴力と抑圧の時代だった。結局、失敗に終わり、平和と繁栄をもたらす政治制度に代わったのである。今のギリシャで五十年を過ごしてきた人は、民主主義を放棄しようとは思わないはずだ。現在の危機を克服することは難しい。しかし、前の時代に何があったかを考えれば、民主主義に賭ける方が、まだまともに思える。

他方、それとは別の方向性も考えられる。ギリシャという国が変わり、政治体制が変容したように、クーデタも変質したかもしれない。

　二〇一五年、ギリシャの財務大臣であったヤニス・バルファキスは、多くの時間をクーデタが起きるのではないかと心配して過ごした。その時の薄氷を踏むような心境を、彼は『黒い匣　密室の権力者たちが狂わせる世界の運命――元財相バルファキスが語る「ギリシャの春」鎮圧の深層』（林勝俊訳、明石書店、二〇一九年）で回顧している。バルファキスは公正中立な証人とは言えない。彼が急進左派連合《シリザ》政権の財務大臣だったのは、巨額の対外債務を抱え、国家デフォルトの危機がピークにあった時期の六カ月と短い。財務大臣として、彼はギリシャの財政再建か、またはユーロ離脱という破滅的な結末を迎えるかという厳しい要求を、国際通貨基金（ＩＭＦ）を含む債権者、ＥＵ加盟国、特にドイツに対して突きつけるという戦略を担った。これは打つ手がほとんどなく、傷口を最小限に抑えなければならない中でリスクの高い方法だった。対する債権者側は圧倒的な財源を有する巨大な存在だった。ギリシャ経済は、欧州中央銀行（ＥＣＢ）がつなぎ融資を更新しつづけることが命綱だった。ギリシャの銀行システムに差し込まれたそのプラグは、バルファキスが行き過ぎた交渉をすれば引き抜かれる可能性があった。彼は在任中、毎朝、目を覚ますと銀行が閉鎖されるという恐怖に苛まれた。

　バルファキスはこれをクーデタと呼んだ。そこには戦車も軍人も逮捕者もいない。抵抗することのできない強大な力によって、選挙による民主政府が人質に取られたということだ。すでにこれと同じことが、ギリシャの近くで実際に起きていた。

〔二〇一三年に〕キプロスで選挙による新政府が発足した。翌日、〔IMF、EC、ECBの三機関〕トロイカ体制はキプロスの銀行を閉鎖し、条件に同意しなければ再開しないと、新大統領に通告した。信じられないことだが、準備不足の中で新大統領は示された箇所にサインをしたのである。(3)

これは一九六七年に大佐が国王に迫ったことと同じだった。ただし、軍事力を行使しなかった点を除けば。バルファキスはこれをトロイカ体制による、ギリシャに対する要求の「ドレス・リハーサル」であると表現した。彼はまた、「キプロス・クーデタ」とも称している。

一度だけ、バルファキスは武力によるクーデタの可能性を考えた。その考えが彼の頭をよぎったのは、二〇一五年に、トロイカ体制の要求した緊縮財政政策が国民投票で否決された結果を受けて辞任した日のことだった。バルファキスは、人々の意思を尊重し、外国債権者と対決することをアレックス・チプラス首相に進言したのである。チプラスは、それはできないと答えた。さらに、そのようなことをすれば、「クーデタが起こりかねないという趣旨のことを口にした……共和国大統領や情報局は「準備ができている」(4)とほのめかした。バルファキスはこう言い返した。「そいつらに最悪の手をとらせればいいじゃないか！」

クーデタが勃発して、国民投票の結果が覆されれば、民主主義は終焉したと内外に示すことができる。何が起きたかは誰の目にも明らかになる。バルファキスが恐れたのは、国民に知らしめることなく政府が妥協して、国民の意思を無視する結果になることだった。民主主義を維持するために妥協するしかなかったと美辞麗句で取り繕われるだろう。チプラスはトロイカ体制の要求に抵抗することを呼びかけ、国民投票で支持を獲得した。トロイカ体制の要求をのめば、国民投票は何だったのかということになるのだが、少なくともギリシャの民主主義は維持される。その通りになった。そして、チプラスは現職にとどまり、次の選挙でも勝利した。バルファキスは回顧録を書くのがせいぜいだった。

バルファキスは、ギリシャで大佐がクーデタを起こした時代に幼少期を過ごした。彼は回顧録で軍事政権を軽蔑の対象として書いているが、ただ一点、何をしようとしているかはっきりしていたことは評価している。軍が権力の座に就いて最初にしたことは、国営テレビ放送を占拠することだった。「彼らは少なくとも、軍歌とギリシャ国旗を放送するという手間を惜しまなかった」(5)と彼は回想する。現在のギリシャでも、テレビ放送は国家の宣伝活動に重要な役割を果たしている。しかし、より重要なのは、放送されないことなのである。政府と銀行は、都合の悪い情報が流布しないよう、あらゆる手段を講じている。だが、今ではインターネットを通じて、さまざまな方法で情報を入手することができてしまうので、結局ニュースは拡散する。しかし、そうして拡散されたニュースから、本当は何が起きているかを知ることはできない。みな自分の知りたい情報しか聞こうとしないので、混乱するだけである。一九六七年はそうではなかった。最悪の現実に向き合うほかなかったのである。

大佐は、体制が変わったことが周知の事実となるように行動した。バルファキスの言うことが正しいならば、二十一世紀のクーデタは、変わったことが隠され、知らされないことを特徴として持つ。誰にも本当のことがわからない。民主主義は死んだ！　民主主義万歳！

しかし、ギリシャの民主主義は二十世紀の後半に登場したわけではない。その誕生ははるか昔に遡り、古代アテネが民主主義発祥の地とされる。それゆえに、反民主的なクーデタもそこではじまった。現代の代議制民主主義は、二千年前、古代アテネに存在した直接民主主義とは大きく異なる。当時は社会システムの基礎に奴隷制があり、成人男性だけが政治に参加することができた。そして、お互い顔の見える関係が前提だった。政治は荒っぽい仕事とされ、市民にも戦うことが求められた。戦争状態が日常という社会に適合するシステムだった。古代の民主政治は波乱に満ち、時間がかかるもので、しばしば暴力的だったのである。

ただし、古代アテネが現代のアテネと似ている点が一つある。古代アテネの民主政は政治形態として定着し、時を経て中年となった。アテネの民主政は、誕生から約一世紀を経た紀元前五世紀の終わりには、かつてほど機能しなくなっていた。スパルタとの長きにわたる戦争で国は疲弊し、窮乏していった。一部の市民の拙い国家運営のツケを回された人民は怒りと不安を募らせた。デマが飛び交い、騒動を大きくした。それでも、民主政は最重要だと考えられていた。当時のアテネの歴史家は次のような言葉を残している。

民主政には非効率性と腐敗が内在するが、それでも市民は利益を享受することができ、価値があるとして支持してきた。煽動政治家よりも、若く賢い成人男性に国政を委ねる方が有益である。それでも、煽動政治家は民主政の結束を強固にし、より多くの利益を享受させ、市民を満足させるという役割を果たす。排除されるべきではない。どのような小さな要素や、それがもたらす副作用も民主政には必要なのだ。民主政に代わる制度がない以上、欠点も含めて受け入れていくほかない。(6)

民主政は失敗しないと思われてきた。ほかによい選択肢がないのであれば、政治形態として擦り切れたりしない。民主政を代替する制度がなければ、それ以外の選択肢をめぐって我慢を強いられることもない。時代が変わっても、本質は変わらないのである。

ところが、突然クーデタが勃発した。アテネがシケリアで戦争に敗北した二年後の紀元前四一一年夏、アテネの若い貴族たちが蜂起し、武力で国を転覆した。新たな国制となり、それまでの国制を擁護する者は国外追放、あるいは処刑された。こうしてアテネに四百人寡頭政権が打ち立てられる。公職に対する報酬は禁じられていたため、十分に裕福でなければ政治に参加することはできなかった。寡頭政権は、意思決定について重装歩兵である市民五千人の承認を要するとすることで、民主政を破棄したわけではないことを示そうとしたが、これはリップサービスに過ぎず、実際、誰も信じなかった。ここに寡頭政が民主政に取って代わった。権力は軍事力を後ろ盾とする少数の特権階級の手に委ねられたのである。

四百人は民主政と言うには少な過ぎる。しかし、自分たちの影響力を保持するにはちょうどよいのである。寡頭政権の保守派は、民主政を葬り去りたい寡頭派と、生命線として維持しておきたい穏健派に内部分裂を起こした。ここで支持を拡大したのは穏健派であり、実質的な参政権を五千人に付与した。クーデタの一年後、スパルタとの海戦に思いがけず勝利し、その後アテネで民主政が復活する。デマゴーグ、煽動政治家は民主政を擁護するスピーカーであり、穏健派を上回る支持を集めた。彼らは、奪われた民主政を取り戻せば、スパルタとの戦いに最終的に勝利できると五千人に訴えた。それはすなわち、煽動政治家を信じることでもあった。

旧い国制が復活したが、それに伴い新たな法が追加された。「アテネの民主政を覆す者を、言葉、行い、投票、そして自らの手で抹殺する。もし他の誰かが殺したのであれば、アテネ市民の敵を殺したのであり、神と悪魔の名において、殺した者を無実とする」。しかし、煽動政治家は人々を誤った方向へ導き、数年後にアテネはスパルタに敗れることになる。だが、アテネの民主政はその後一世紀の間存続したのである。

古代アテネの民主政は百戦錬磨の強固な政治システムだった。どれほど機能が低下しても持ち堪えた。だからこそ、失敗する時はそれとはっきりわかったのである。紀元前四一一年のクーデタは、武装した反体制派による敵対的乗っ取りであった。その意味で一九六七年のクーデタに似ていた。違っていたのは、古代アテネの民主政が短期間で復活した強靱さである。寡頭政は僅か一年で駆逐され、民主政を抹殺することが二度と起きないように法が改正された。

このように、古代アテネの民主政は、現在よりも中年の死亡率が高かった時代に、中年危機を乗り越えて存続しつづけたのである。紀元前四〇四年、スパルタに敗れたアテネでは、スパルタ軍による寡頭軍事政権である三十人政権が成立した。この時にも民主政は堅固であることを示した。アテネの支配をめぐって内戦が起こると、何と八カ月で寡頭政軍事政権は崩壊し、民主政が復活したのである。暴力を、それを上回る暴力によって鎮圧し、軍事政権のメンバーは処刑されるか、国外追放となった。軍事政権に暗黙裡に協力した市民は大赦を受けたが、これは恐らく、歴史に記録された最古の「和解のための宥和政策」だったろう。軍事政権を批判しようとしなかったソクラテスも大赦の恩恵を蒙ったひとりである。やがて、ソクラテスの影響力が危険視されるようになると、復活した民主政の下、史上最も悪名高い裁判によって死刑を宣告されることになる。古代アテネの民主政は、自らを護り生き残る術を知っていたのである。

それとは対照的に、一九六七年のギリシャ民主主義はあまりに脆弱であったため、短期間で崩壊した。まさに砂上の楼閣だった。クーデタの首謀者は脆さにつけ込んで政権を奪取することに成功した。だが、どのような体制にも弱点はある。将校たちは約七年の間、政権を維持したが、結局、一九七三年のオイルショックに対処できず、さらに、若年層、特に学生たちの不満を抑えられず、機能停止に陥り、権力の座を明け渡すことになる。一九七三年、学生のデモを鎮圧するために軍事政権がアテネ工科大学に戦車を投入したことは、政権の強さではなく、対応能力のなさを如実に示すことになった。翌年、将校たちはキプロスへの軍事介入に失敗し、その結果、トルコが半島の一部を支配するに至った。こうした軍事衝突の危機に直面し、アテネは再び民主主義に復帰する。長い中断の期間を経たことで民主主義はむしろ強固になった。人々は民主主義以外を選択すれば事態がさらに悪化するとわかっていたのである。

現在、ギリシャの民主主義は古代ほど波瀾万丈ではない。戦争はなく、古代アテネの民主政を破壊した軍事攻撃や、民主政を復活させた軍事的勝利もない。裕福な若者は海外に移住するか、インスタグラムを見て過ごす方がよく、国家に銃を向けたりはしない。今のようなひどい状況でも、政治活動に命を賭けるより、自分のしたいことをするという人が大勢なのだ。

最近、ギリシャの民主主義が崩壊しかけたのは、二〇一一年の年末近く、アテネの選挙政府が債務危機の高まりに対処する案に合意しなかった時である。新たに首相となったルーカス・パパデモスは銀行家であり、前首相の経済顧問を務めていた関係で、選挙をすることなく後継に擁立された。辞任に追い込まれたゲオルギオス・パパンドレウ前首相は、一九六七年に屋上で逃走劇を繰り広げたパパンドレウの息子である。パパデモスは経済学者などの専門家で組閣し、ユーロ圏にとどまるべくECBの要求に従って緊縮財政政策でギリシャ経済の立て直しを図ろうとした。そこでは官僚《テクノクラート》による乗っ取りが志向された。しかし、難局を打開できず五カ月で政権は瓦解する。軍部の介入はなく、再選挙が行われた。この選挙はシリザが躍進する契機となった。二〇一七年五月、パパデモスが車に乗車中、手紙を開封したところ、爆発物が爆発して負傷した。幸い命に別状はなかった。

ギリシャ民主主義は多くの争いを経て、今日まで約半世紀の間維持されてきた。ギリシャ政治は民主主義を前提としており、その機能が著しく低下したとしても揺らぐことはない。それが唯一の選択肢なのである。選挙があり、公の場で自由に意見を述べることができる。異論は許容されるだけではない。それこそ至る所に存在するのだ。二〇一一年から二〇一二年にかけて政治的空白が生じたが、その期間は紀元前五世紀の終わりに生じた政治的空白よりも短かった。しかし、現在のギリシャ民主主義は、古代アテネのそれとは大きく異なる。トップとなる人を決定するのに公開の場で競うこともなく（そこでは敗者には死か、国外追放しかない）、民衆の声は反映されない。重要なことは秘密裡に決定される。何が起きているか知りたければ、要人が回顧録を出版するのを待つしかないのだ。それでも真実が語られているとは限らない。公正中立な証人などいないのである。

ギリシャに住んでいる人で、社会が独裁制だと考える人はいないだろう。もしそうであれば、誰でも気づくだろう。では、ギリシャの民主主義は今でも機能していると言えるのだろうか？確かに民主主義のようではあるが、騙されているのかもしれない。現在、ギリシャ政府はトロイカ体制という生命線の前に跪き、最終的に国民がそのツケを払うことになる。陰謀論が跋扈しているが、一九六七年や紀元前四一一年の時のようにそれが明るみになることはない。クーデタという言葉が安易に使われ過ぎている。銀行によるクーデタ、官僚によるクーデタ、ドイツ人のクーデタといった具合である。しかし、それらは比喩的に用いられているに過ぎず、本当のクーデタではない。一九六七年のパパンドレウのように手が震える人はいない。

＊＊＊

では、本当のクーデタとはどのようなものか？　一九六八年、アメリカの若き政治学者であったエドワード・ルトワックが『クーデター入門――その攻防の技術』（遠藤浩訳、徳間書店、一九七〇年）というハンドブックを出版した。これは、著者の言葉を借りれば、軍事力を用いて政権を奪取するにはどうすればよいかの手順を説明する、言ってみれば政治的転覆についてのレシピ本のようなものであった。ルトワックは、感情を挟まない実践的ガイドとして書いたと述べている。その中で、「ブイヤベースを作る時と同じように、正しい魚を選ぶところからはじめる」と書き、ただし、間違えた場合、「缶から中身を直接食べる」(7)より危ない目に遭うだろうと警告している。彼は、料理を焦がさないようにいくつかのルールを定めた。このハンドブックは、駄目になる前に止める方法を伝えるために書かれた。すなわち、正しい材料を知っていれば、民主政が誤った方向に向かうことはないのだ。

また、ルトワックは、クーデタと宮廷革命の違いを理解することの重要性を説いた。後者は、ローマ皇帝が、自分の母親や近衛兵によって殺害されたように、少数のエリートが私的に起こした事件である。無責任な統治者が他の無責任な者に代わるだけだ。生き残るには逃げるしかない。対照的にクーデタは、統治するために国家の機構や装置を、そこで働く人もろとも奪取し、支配することが基本になる。中立的な公務員や役人もそこから逃れることはできず、目を背けることも許されない。新体制にコミットする以外に選択肢はない。だからこそ、クーデタは慎重な計画と軍事力の行使が必要になるのだ。ルトワックのハンドブックでは、「クーデタは、国家を構成するパーツのうち、小さいけれども決定的に重要な部分に浸透しなければならない。それが、その他を含む全体を支配することに繋がる」(8)と述べられている。

この過程で人々は傍観者となる。起きていることを遠くから見ることしかできない。緻密に計画されたクーデタでは、ほとんどの市民が反応しないうちに迅速に実行することが肝要である。そのため、主要な放送通信拠点を占拠し、新体制の広報活動を開始することが重要なのである。さらに、クーデタは、人々がまだ眠っている夜中に実行すべきとされる。可能な限り速やかに既成事実化されなければならないからである。ルトワックは、国民に民主主義が浸透し、人々が躊躇なく擁護する国ではクーデタは成功しないと考えていた。こうした場合、軍歌を放送するだけでは足りない。民主主義が浸透していないのであれば、擁護しようと思わないだろう。しかし、そうでない、つまり浸透しているのであれば、政府を貶めることは難しい。国民はクーデタを許さず、応戦するだろう。

ルトワックによれば、西欧の民主主義先進国の多くで、クーデタを起こす時代は終焉している。一九六一年、ドゴール将軍に反対するフランス軍の将校たちがアルジェリアを拠点としてクーデタを計画し軍事政権の樹立を画策した。首謀者たちはドゴールが自分たちを出し抜いてアルジェリアの独立を認めると考えたのである。そこで彼らは四月二十一日に蜂起した。奇しくもその六年後の同じ日にギリシャではクーデタが成功し軍事政権が成立することになるのだが、アルジェリアではうまくいかず、首謀者たちは完全に鎮圧された。

なぜ失敗したのだろうか？　第一に、アルジェリアはパリから遠すぎて、首謀者たちは通信放送拠点も行政機関も抑えることができなかった。第二に、ドゴールは武装蜂起に屈しないようフランス国民に呼びかけ、団結して抗戦した。また、アルジェリア軍落下傘部隊がパリ郊外にある各地の飛行場を占領し、市内へ進軍してくるとの噂が流布され、瞬く間に広まった。ドゴールはテレビを通じてフランス国民にこう呼びかけた。「私はフランスの名において、彼らを打倒するまで、あらゆる手段を、繰り返す、あらゆる手段を用いて侵攻をくい止めることを命じる。フランスのすべての紳士、何より兵士諸君は、彼らの命令を一つとして遂行させてはならない」と。このメッセージはラジオを通じてアルジェリアにいるフランス人植民者にも何度も繰り返し放送された。この時のことを、ドゴールはこう記している。「すべての国民が、あらゆる場所で私の言葉を聴いた。フランスの首都では私の放送を観なかった者、または聴かなかった者はいなかった。アルジェリアではトランジスタラジオに百万もの人が耳を傾けた。そこから、それまで消極的だったクーデタに対する抵抗は刻一刻と強力になっていったのである」[9]。

ドゴールの下に発足したフランス第五共和政は、民主主義的と言えるものではなかった。大統領はあたかも君主のような力を保持し、強大な権力を行使することができた。ルイ十四世になぞらえて、「我は共和政なり」というのはドゴールが好んで使った言葉である。しかし、民主的側面も十分にあった。フランス国民は三年前に国民投票で共和政を熱狂的に支持し、擁護しつづけた。民主主義が正統に支持されている時に、それが攻撃されると、人々は黙っていない。その意味で、クーデタは民主主義が後退している証であり、民主主義が定着していない国で起こり得るのである。

もう一つ、およそフランス的でなく、政情不安なバナナ共和国のような国ならともかく、近代民主主義国には似つかわしくないと人々に思わせたことも、ドゴールがアルジェリアの武装蜂起鎮圧に成功した理由だった。彼はテレビで「クーデタ」とは言わず、あえてそれよりも一段貶めて「プロヌンシアミエント」と呼んだが、これは、ある伝記作家によれば「南米のコミック・オペラ並み」の言葉とされる[10]。民主主義が浸透するほど、クーデタは悪い冗談にしか聞こえなくなるのである。

しかし、その一方、クーデタだけが政変の唯一の形態ではない。ルトワックのハンドブックでは、民主主義を終焉させるさまざまな方法が、料理で使う材料のように列挙されている。だが、そこに書かれている料理は、唯一つ、武力による政権奪取だけである。では、民主主義を転覆する方法には、それ以外にどのようなものがあるだろうか？　アメリカの政治学者であるナンシー・ベルメオは、最近、クーデタを六つのタイプに分類した。ザ・クーデタ、いわゆる軍事クーデタはその一つであり、それ以外に次のようなものがある。

・「政府上層部によるクーデタ」支配者層が民主制度を停止するもの
・「不正選挙」結果ありきの恣意的な選挙
・「確信犯的クーデタ」自らを正統化するために選挙を実施し、民主主義を乗っ取るもの
・「政府上層部の権限強化」支配者層が政変を起こすことなく裁量によって民主制度を弱体化させるもの
・「戦略的選挙操作」やり過ぎとならない範囲で、自由と公正さを制限する選挙によるもの(11)

上記のタイプはいずれも、兵士が夜陰に乗じて政権奪取することを要しない。それは、政府がクーデタを引き起こしているか、または、クーデタでないように見せかけているためである。実際は、その両方であることが多い。

これらタイプの異なるクーデタをさまざまに分析すると、ある特徴で大きく二つに分けることができる。民主主義を終焉させることが成功の条件であるクーデタと、民主主義が存続しているように見せることが成功の条件となるクーデタだ。ザ・クーデタ、いわゆる軍事クーデタは前者

になる。それ以外のタイプ、特に先に挙げたうち最後の三つは後者になる。これらは体裁を整えることが重要だ。選挙を操作するのは、投票が自らを正統化する根拠となるからである。確信犯的クーデタと政府上層部の権限強化は、民主主義を所与とする人々の支持を得て成立するため、民主主義という外見がないと保てない。クーデタのタイプによっては、民主主義は必ずしも敵対するものではない。民主主義転覆という事実を隠蔽する隠れ蓑として、クーデタの首謀者にとって都合がよい場合もある。

クーデタの分類にとらわれすぎると、いつ、どこでクーデタが発生しやすいのかを見誤るきらいがある。ベルメオは、軍事クーデタ、政府上層部のクーデタ、不正選挙によるクーデタは世界的に減少してきたと指摘する。民主主義が発展すると、武力や不正によって強引に体制を転覆させることは困難になる。一九六〇年代のギリシャ民主主義は脆弱で、先の三つがセットで起きた。一九六一年に「暴力と欺瞞」と称される大規模な不正選挙があり、一九六五年に民主的な手続きを経ずに国王が選挙政府をすげかえる「王党派クーデタ」が発生し、そして一九六七年には将校による軍事クーデタが勃発したのである。現代のギリシャで、この三つが起きる可能性は低いだろう。先進民主主義国では、権力の所在が明らかである限り、それに反して人々を服従させるのは容易でないのである。

しかし、民主主義を前提とする場合でも、ほかのタイプのクーデタが発生する余地は相応にある。民主主義が浸透している時、それを崩壊させずとも転覆することは可能だ。これは、政府上層部の権限強化の例が顕著である。選挙で選ばれた権力者は口では民主主義と言いながら、実際にはそれと大きく異なる体制にする。これは民主主義にとって二十一世紀最大の脅威であり、インド、トルコ、フィリピン、エクアドル、ハンガリー、ポーランドなどの国に見られる。そして、アメリカでも同様のことが起きている可能性がある。問題は、それが発生しているという明白な証拠がないことだ。軍事クーデタと、その他のタイプのクーデタが大きく異なるのは、前者は白黒をはっきりと決するが、後者は徐々に進行していく点である。前者は数時間のうちに成否が明らかになるが、後者は数年をかけて展開し、成否は誰にもわからない。それと見極めることはますます難しくなっている。それどころか、人々がクーデタを期待している時に、実は人知れず、長い時間をかけて徐々にクーデタが進行しているということがあり得るのだ。

ベルメオは、徐々に進行するタイプのクーデタに対抗することは難しいと指摘する。民主主義は、「一気に破壊されるのでなく、徐々に浸食されていくと、対抗しようという危機感が生まれにくい」のである。[12] 民主主義の脅威に対して、対抗勢力を形成するきっかけがない。それどころか、政治的な内部抗争が起きて、それぞれ意見を異にする対抗勢力が作り出される。政権の対抗勢力が「クーデタだ！」と叫んだところで、相手からは逆に、大袈裟でヒステリックになっていると非難される。弁護士やジャーナリストは民主主義の最後の砦を自認しているが、敵対者は議論をすり替えて、民主主義から利益を得ようとする特殊利益団体だと攻撃する。

ルトワックによるクーデタの定義には現在でも有効なものがある。それは、民主主義を転覆するためには、人々を傍観者としなければならないというものだ。人々が立ち上がり抵抗すればクーデタは成功しない。その場合、クーデタが失敗に終わるか、内戦が本当に勃発するかのいずれかが想定される。人々を大人しくさせる方法は一つではない。軍事クーデタは威嚇と強制によって成功する。だが、民主主義を隠れ蓑にしたクーデタでは、人々が積極的に行動しないという性向を利用することが可能だ。民主主義が機能していれば、人々はそもそも傍観者なのである。選挙で信任を受けた政治家が政治的意思決定を行うのを眺めているに過ぎない。こうした民主主義の特徴は、それを隠れ蓑にして民主主義を貶めようとする勢力にとって真に都合がよい。なぜなら、この両者は外形的には見極めがつかないほど似ているからだ。

現代政治学には、こうした状況を説明するさまざまな用語がある。「観衆型民主主義」、「傍観者型民主主義」、「投票所型民主主義」などである。しかし、実態を表すにはやや弱いかもしれない。「ゾンビ型民主主義」の方がよいだろう。簡単に言えば、人々は観衆であり、パフォーマンスを観ながら、適当なタイミングで拍手喝采する、またはしないというだけの役回りなのである。民主政治は、今では仰々しいショーと化し、より個性的なパフォーマンスをしなければ、大衆の関心を惹くことはできない。この傾向は、国民投票に依存する民主主義国が増えていることに表れている。国民投票は民主主義的に見えるが実はそうではない。観衆は長々と付き合わされ、自分たちが作ったわけではない舞台について、賛成、または反対と一言述べるだけである。政治家は、そこで再び自分の意図するところを説明し、有権者はただ聞かされる。参加の度合いが低いことに有権者は不満を募らせている。必要に応じ、再度国民投票が行われることもある。すべての国民投票が確信犯的クーデタであるという証拠はないが、国民投票を利用するクーデタは存在する。

国民投票が利用されるのは、民主主義転覆を企図しているのではないと主張するためだ。自分たちの提案を人々に問うこと以上に民主的なことがあるだろうか？　直接問いかければ、直接回答してもらうことができる。しばしば、より民主的とすることが要求される。ブレグジットを決定したイギリス国民投票は、直接民主主義の実例として喧伝された。それは、「主権を取り戻そう」というスローガンの下、人々が直接民主主義を勝ち取ったと言われた。その結果、民意に沿った政策を実施する政府上層部に多くの裁量を与えることとなった。今や政府上層部は、ブレグジット後も同じ権力を確保しようと、議会との駆け引きで身動きが取れない有様だ。国民投票を決定した首相が辞任に追い込まれたことを考えれば、この国民投票を政府上層部のクーデタの成功例だなどと言う者はいないだろう。これは、民主主義に関して、大衆の権利拡大の要求に応えると、概して真逆の結果になる典型である。

他方、昔からのザ・クーデタも廃れるどころか、依然として健在だ。二〇一七年終わり、ジンバブエではロバート・ムガベ大統領がクーデタで失脚し、辞任した。これは古典的なクーデタだったが、ただし時間はかかった。軍服を来た将軍がテレビ局を占拠し、「犯罪者」を起訴すると宣言した。首都ハラレの通りには戦車が配備された。将校に囲まれたムガベの演説は、辞任を拒否するなど、用意された原稿と異なり、要領を得ないものだった。結局、三日後に辞任した。

エジプトではアラブの春以降、民主主義のうねりが巻き起こったが、あらゆる点で軍事クーデタの条件を備えた事件によって終焉した。二〇一三年、民主的に選ばれたムハンマド・ムルシー政権はエジプト軍によって転覆、政府要人は身柄を拘束され、憲法は停止された。翌年、大統領選挙が実施され、クーデタを主導したアブドルファッターフ・アッ＝シーシー大将が九十七パーセントの得票率で勝利した。

たとえ事態がどれほど悪化しようと、アメリカがこれらと同じ道をたどるとは思われない。アメリカ合衆国はあまりに豊かで、歴史があり、体制が整備されており、政治状況が違いすぎる。現代のアメリカは、ジンバブエは言うに及ばず、現代のエジプトともまるで異なる社会である。トランプはシーシー大統領のような強権を持つ権力者に憧れているのだろうが、そうなることはない。かつてのアメリカは今とは違った。エジプトのようだった時期もあったのである。

現代のエジプトには若年層が多い。総人口の中央年齢は二十四歳であり、これは一九三〇年のアメリカとほぼ同じだ。エジプトは豊かな国ではない。一人当たりGDPは約四千ドルで、これは一九三〇年のアメリカとほぼ等しい水準である。失業率は約十五パーセントで、これも一九三〇年のアメリカ並みだ（ただし、アメリカは大恐慌の影響で失業率がさらに上昇した）。もちろん、違っている点も多い。一九三〇年代のアメリカの民主制度は、現在のエジプトよりもずっと堅固で、百戦錬磨の組織だった。一九三〇年のアメリカと比較して、現在のエジプト軍の重要性は高い。一九三〇年のアメリカ軍はそれほど力を持っていなかった。また、エジプトのムスリム同胞団のような組織はアメリカになかった。そうした違いがあるにせよ、エジプトのクーデタの西欧民主主義における意味について、正しく理解しなければならない。一九三〇年代のアメリカではクーデタが起きてもおかしくなかった。ヒューイ・ロングのような煽動的民衆指導者かつ独裁者と目される人が、虎視眈々と機会をうかがっていたのである。民主主義は崩壊していたかもしれないのだ。たとえ制度や組織がしっかりしていたとしても、社会の動静次第ではクーデタで転覆する可能性があった。一九三〇年代のアメリカは、二十一世紀のアメリカよりも、二十一世紀のエジプトとの共通性が見られるのである。

西欧民主主義は戦間期に崩壊していた。一九三〇年代の終わりに、英語圏以外では民主主義がほとんど存在していなかった。世界中でスーツの男性は姿を消し、軍服を身につけた男性がそれに取って代わった。一九三〇年代に逆戻りする危険について話をする時、人々の脳裏をよぎるのは、世界中でドミノ倒しのように民主主義失敗の連鎖が起きる事態である。だからこそ、はっきりさせておくことが重要だ、一九三〇年代の再来は、ある地域では他の地域より容易に起こるということである。最も起こりにくいのは、過去に経験した地域だろう。現在のドイツは一九三三年のドイツと政治的に共通するところはない。フランスも五十年前とは異なる国だ。イタリアが近い将来、軍政に屈するとは考えられない。ギリシャですら、そうした政治体制とはほど遠いように思われる。

どちらとも言えないのは、現在のアメリカとエジプトの中間に位置する国である。たとえば、トルコでは民主主義が深く根差している。一九二三年に共和国が建国されて以降、民主的に選ばれた政府が長く統治してきた。だが、同時に、軍事クーデタによる中断も繰り返し起きた。一九六〇年、一九七一年、そして一九八〇年のことである。いずれの場合も、軍部が選挙政府を転覆した。

一九八〇年のクーデタでは、六人の将校が一夜のうちに政権を奪取し、首都の大通りを戦車で占拠し、政府要人を拘束した。これはルトワックの定義する古典的なクーデタに分類される。同時に、軍部は目的を達成すれば速やかに民主主義を回復するとしていたことから、その意味では確信犯的クーデタであったとも言える。トルコ軍は、憲法がイスラム勢力によって転覆されることのないよう、イスラム勢力を警戒した。また、世俗の守護者を自負するトルコ軍は政教分離を重視していた。実際、クーデタの数年後には民政に移行した。ただし、移行にはかなりの困難が伴ったため、意に沿わない場合には直ちに介入できるよう将校は目を光らせていた。

一九八〇年以降、トルコでクーデタは起きていないが、一九九七年、軍部の圧力により首相が辞任する事件が起きた。この時、武力行使はなかったが、一連の行動は「ポストモダン・クーデタ」と呼ばれた。レジェップ・エルドアン率いる公正発展党（ＡＫＰ）は、二〇〇二年の総選挙に勝利した。これには軍政への反発もあった。五年後、公正発展党の擁立した後任大統領候補が親イスラムであったのでエルドアンは軍部と対立したが、前回選挙を上回る得票率で再び総選挙に勝利する。将校は共和国をイスラムの支配から守るために軍事介入する用意があると警告したが、エルドアンはこれを批判し、民衆の高い支持を得た。その後数年の間に、エルドアンは改革を実施し、自身の地位強化と政教分離の緩和を進めてきた。こうした改革が、民主主義の下で実施されたのである。

二〇一六年七月十五日夜半、トルコはまたもクーデタの只中にあった。イスタンブールの通りを戦車が走行し、主要な通信放送拠点は兵士に占拠され、エルドアンを含む政府要人は追われていた。しかし、これは失敗した。エルドアンはドゴールに倣い、ソーシャルメディアの時代に相応しく、早朝からオンラインでクーデタを非難し、国民は外に出て軍部に対抗するよう呼びかけた。人々はこれに応え、大規模な抗議運動を展開し、発生から十二時間でクーデタは鎮圧された。その数カ月前からエルドアンに対する国民の支持率は下がっていたが、軍政の脅威を前にして、政敵までも彼の擁護に回ったのである。

こうした支持を追い風に、その後数日の間にエルドアンは自身の権限を強化した。かつてエルドアンの盟友であったが、その後関係の悪化したフェトフッラー・ギュレンの勢力が軍部と教育関係者の一部と組んでクーデタによる政権転覆を企てたとされ、エルドアンは軍部と大学関係者に対する粛清を行った。反対勢力である政治家、ジャーナリスト、教育関係者が多数逮捕された。二〇一七年、彼は大統領としての自身の権限強化を国民投票に諮り、僅差で勝利した。これには軍事法廷の廃止などの改革も含まれる。ここでもまた、一連の動きは民主主義の名の下に実施されたのである。

現在のトルコの政治状況を見れば、民主主義が確立された国では、民主主義と民主主義を転覆させる行為の境界が極めて曖昧になっていることがわかる。クーデタは、まさにルトワックが予見したとおりに失敗した。民衆が傍観することを拒否する時には、軍部が民主主義を転覆することは困難である。国民一人ひとりが体制を救うのである。しかし、その一方、国民が民主主義を擁護することが、支配層の権限強化にも繋がる。エルドアンは結果として自身の権限を大幅に拡大したのである。彼は慎重に、これらは、将来の軍事クーデタから民主主義を守るためであると論理構成している。

しかし、政治において最も重要なことは、誰が利益を得たか？　であると考える向きから、彼の行為を陰謀論だとする意見が多い。外部から見ると、七月十五日夜の事件の経緯についての説明はもっともらしく聞こえるが、あまりに都合がよすぎる印象がある。国外追放され、現在はペンシルバニア州の田舎に住む説教師に、あれほど緻密な計画を主導することが本当に可能だったのだろうか？　実際、利益を得たのはエルドアンである。そう考えると、陰で糸を引いていたのは彼だということになる。表向きはクーデタ失敗だが、実際に起きたことは民主主義の転覆だった。

同時に、二〇一六年のクーデタ未遂事件によって、民主主義に対する対照的な、相反する二つの脅威の存在が明らかになった。まず、表面的には、軍部による脅威である。トルコの民主主義は脆弱であり、武力行使によって転覆されてしまう。しかし、仮にクーデタが偽装であるならば、民主的に選挙で選ばれた政府による脅威ということになる。民主主義はトルコに十分浸透しているので、独裁者は国民の支持を隠れ蓑にするのだ。そして、どのような事件、論争、証拠をもってしても、全員が納得できるような解は得られないのである。

現在のトルコでクーデタが起きることはないと言うことは可能だ。そうでないことを証明できない以上、それは正しい。クーデタが成功しない限り、反証されることはない。これは鏡の中の世界であって、見えているものが真実であるとは限らないのである。クーデタ失敗が起きたからといって、必ずしも軍事クーデタの脅威が存在するわけではない。実際にはそんなものはなく、民主主義にとって本当の脅威は、内部による切り崩しであるのかもしれない。

何が起きたかを教えてくれるレシピ本はない。同じ材料を使っても、全く違う二種類の料理ができることもある。

アメリカはエジプトでも、ましてやトルコでもない。確かに、アメリカ民主主義は世界で最も安定しているかもしれないが、それでもトルコから得られる教訓はある。鏡を見ると、民主主義の脅威と思われたものが防波堤になり、一時しのぎの対応策のつもりが最大の脅威に転じることもあり得る。民主主義を支持することが、実は失敗のレシピであるかもしれないのである。

軍人と文民の関係を見てみよう。成熟した民主主義では将校は文民のリーダーに従うと理解されている。そうでない場合とは将校が命令を拒否する時であり、それはクーデタを意味する。だが、民主主義が当たり前の国で、民主主義が中央の権限強化の隠れ蓑に利用されている場合には、逆こそ真なりということもある。上層部の軍部に対する権限が大きくなるほど、民主主義は徐々に終焉に向かう可能性があるのだ。

アメリカの法学者であるブルース・アッカーマンは、過去五十年の歴代アメリカ大統領の政治には、大統領の権限拡大志向という特徴があると指摘する。その最たるものは軍部の政治利用であり、大統領令の対象として拡大されてきた。手強い議会と対峙した時、大統領は事態を収拾するよう兵士に命令することができる。ここにアッカーマンは二つの危機があるとする。一つは、軍部への指揮権が拡大し、将校が命令に従順になるほど、大統領の権限が大幅に拡大することになる点、もう一つは、将校の政権における重要性が高まるほど、大統領が言いなりになりやすい点である。後者の場合、実質的に軍部が支配することになり、大統領は名ばかりのトップに過ぎなくなる。政治家が将校に命令するのか、それとも将校が政治家を指揮しているのか？　この境界が曖昧になると、もはや本当の姿を見極めることは困難である。

アッカーマンは歴代の大統領について調査し、こうした傾向の原因が、喫緊の課題に対処する上で党利党略が大きなフラストレーションになっていると考えた。ビル・クリントンは、共和党が優勢な議会で大統領がイニシアティブを発揮するために大統領の裁量権を拡大した。ジョージ・W・ブッシュの場合は、九・一一を引き金に、テロとの戦争を推進するためだった。オバマにとっては、アルカイダとＩＳＩＳとの戦いを遂行するためだった。アッカーマンは、大統領がなるべく抵抗を受けずにすむ方法を選んでいることが、アメリカ民主政治が超法規性を強めていることの背景にあると分析する。これはクーデタとは異なる。どの大統領も憲法を覆そうとは考えていない。だが、もし憲法を軽視し、大統領令の権限強化が民主主義の本旨に反するという抵抗感を一切持たない大統領が登場した場合はどうなるだろう？　その大統領が退役軍人で組閣したとすれば？　トランプが大統領になったら？

アッカーマンは二〇一〇年にこれを書いたが、未来の「右派大統領が、何百万人もの移民をこれ以上受け入れることはできず、「時間をかけて」拘束し、本国へ送還するしか選択肢はない」と言い出すリスクを予見していた。また、彼は「左派大統領が、銀行を悪魔とみなし、大いなる陰謀を企てていると非難する……そして人々のために速やかに国有化することを要求する」[13]という可能性についても言及していた。こうした状況では事態はより切迫したものになる。兵士だけでなく、一人ひとりの公務員まで立場を明確にしなければならなくなる。現代では、古代ローマ時代と異なり、じっと嵐が過ぎ去るのを待つことはできない。指示に従うか、従わないかの二者択一になる。民主政治において政府上層部の権限が拡大することが問題であるのは、大統領に従わなければ民主主義の敵だという汚名を着せられるリスクがあることだ。

だが、選択肢はほかにもある。公務員であれば辞職することができる。その場合、指示に従順な者に交替するか、空席になるかという問題はあるが。これは極端であるが、職にとどまり指示に従わないこともできる。将校は、大統領就任式の前、核のコードをトランプに渡さないことはできない。それをすれば民主主義の原則に反する。しかし、ボタンを押せという命令に従わないことはできる。もし、トランプが無謀にも大統領令で核兵器を行使すると決定し、それがアメリカだけでなく世界の存続を危機に陥れるとしたならばどうするだろうか？　民主主義の名において命令に従わないことは可能だろうか？

アメリカ現代史には前例が一つある。ニクソン大統領時代の一九七四年夏、ジェイムズ・シュレジンジャーは大統領の精神状態に危機感を覚えていた――ニクソンは情緒不安定になり深酒がすぎるようになっていた。シュレジンジャーは軍部に、大統領令に関して、特に核兵器にかかる大統領令については、自分か国務長官のヘンリー・キッシンジャーの同意がなければ実行してはならないと指示を出した。彼はまた、次期大統領への引き継ぎが平和裡に進まない場合を想定し、ワシントンに軍部を配置することも計画していた。こうした対応はクーデタではない。混沌とした状況に対応するためのものであった。トランプ大統領の下で状況はさらに悪化している。

シュレジンジャーがこの事実を公表したのは何年も後、火種がなくなってからであったことも、事態が混沌としていたことを裏付けた。当時、彼はすべてを秘密裡に行う必要があった。もし公になれば、彼がクーデタを企図していると非難されただろう。民主主義の皮を被ってその転覆が謀られるのであれば、転覆を転覆させようとする企みも、やはり秘密裡に行わなければならない。何一つ公にされてはならないのである。これは、ルトワックが定義したクーデタの、いわば写し鏡の向こう側の世界である。かつてはクーデタを成功させるには、すべての人に何が起きたか知らしめる必要があったが、今ではクーデタを謀る側も、それに対抗する側も、それが起きていると知る人は可能な限り限定しなければならないのである。

権謀術数の渦巻く世界は、政治学というよりは、ポリティカル・フィクションとして捉えた方がわかりやすい。関係者が知ることになるのは、すべてが終わり、時間が経ってからとすることは重要だ。関係者が事態を想定しながら全体像をつかむのが簡便であれば、一から創作しなければならないこともある。

ガーディアン誌のジャーナリストであるジョナサン・フリードランドは、二〇一七年、ボーン・サムというペンネームで発表した小説『大統領を殺すには』[14]で、一つのシナリオを描いた。この本は全く不条理だが、読みはじめたら止まらない。ストーリーでは、どことなくトランプ大統領を思わせる「右派大統領」が腹立ち紛れに、核攻撃を仕掛けると北朝鮮を脅す。国防長官と大統領主席補佐官は、辞職、命令拒否、民衆の非難など、どのような選択肢を提示しても大統領が相手を攻撃する口実にされ、事態は悪化する。そして、もはや彼を殺すしかないと決断する。すると、スティーヴ・バノンを思わせる首席戦略官が暗殺計画を嗅ぎつけ、これをイスラム勢力による陰謀と偽装して反アメリカ勢力を弾圧する口実にしようとする。一連のことがすべて秘密裡に、ソーシャルメディアの時代らしくチャットだけで進められていく。それを知った関係者は陰謀だ、クーデタだと騒ぎ出すが、実際の転覆活動はソーシャルメディアの目の届かないところで実行される。陰謀を非難する声が飛び交う中、木を見て森を見ずの諺よろしく、人々には全体像がわからず、ただ陰謀の闇が拡大していく。

何も右派大統領である必要もなければ、ツイッターの時代だから可能だというわけでもない。クリス・マリンの小説『イギリスらしいクーデタ』は一九八二年に出版され、一九八九年にテレビ放送された。これは、イギリス総選挙で、大胆な国有化、核兵器の放棄、NATO脱退を公約に掲げた左派首相が誕生したという話である。[15] 彼をやめさせようと既成勢力が秘密裡に画策する。有名な新聞社で毒を撒いたり、経済を不安定化させ、さらには軍部が彼に服従しないよう密かに働きかけるのである。首謀者は浮き沈みの激しい民主政治の波の陰に用心深く隠れており、特定されることはない。人々が気づかないうちにクーデタは成功する。首相は体調不良を理由に辞任し、秘密情報機関と密かに通じている副首相が後任に就く。国民は疑問に思うが、国民は何に対しても疑問を抱くものだ。民主主義というドラマでは証拠があっても誰も気づかないのである。

小説のように右派大統領が誕生し、フリードランドの小説は現実に近くなっている。マリンは、一九八〇年代に労働党左派の下院候補で、ジェレミー・コービンとは盟友である。自分のフィクション小説をコービンが地で行くことになるとは想像していなかっただろう。二人は長年、労働党左派の領袖であったトニー・ベンの薫陶を受けてきた。ベンが首相になる芽はなかったが、先に述べたように、コービンが首相になる可能性は現実味がある。いずれそうなるかもしれない。バーニー・サンダースは二〇一六年のアメリカ大統領選挙で善戦した。ジャン゠リュック・メランションは二〇一七年のフランス大統領選挙で躍進した。近い将来、先進民主主義国で左派が大統領ないし首相になり、成果を上げない既成勢力に挑む日が来るかもしれない。

そうなれば、それはアメリカ的クーデタだろうか？　それともフランス的、またはイギリス的クーデタだろうか？　はっきりわかることはないというのが答えだ。二〇一五年のクーデタはギリシャ的と言えるのだろうか？　かつてクーデタはそれとはっきりわかった。しかし、今でははっきりしないのがクーデタなのだ。相手がクーデタを起こしていると思っても、その相手からは通常の民主主義のプロセスを実践しているだけだと言われる始末だ。左派対右派と単純に割り切ることはできない。トランプは、アメリカの負担が軽減されないのであればＮＡＴＯを離脱すると公約して大統領になった。政権で彼を補佐する将校はそれを思いとどまらせようとした。民主的に選ばれていない者が大統領の意思を阻止することは民主主義の転覆に当たりはしないだろうか？　それとも、大統領の意思が抑制によって節度あるものになったという意味で民主主義の本旨に沿っていると捉えるべきなのだろうか？　双方とも納得させる答えはない。その間にも、沈黙の中の対話はつづいているのである。

弱い民主主義、つまり民主主義が定着していない国ではクーデタが起きやすい。正面攻撃に体制が耐えられないのである。民主主義が浸透し、強固な国は、体制が安定し、強固なので正面攻撃に影響されにくい。その結果、民主主義の定着している国は正面でなく側面から攻撃されるようになる。すなわち、党利党略の中で、裏切り、失敗、危機といった意味のないチャットが絶えず囁かれ、歪められていく。水面下や舞台裏で密かに進行し、事情を知っているのは密室の中にいる大人だけであるが、誰も認めようとはしない。こうした現象では相互に利用し合っているのである。民主主義の終焉について意味のない話をすることは、徐々に民主主義を攻撃することの格好の隠れ蓑になるのだ。同時に、徐々に攻撃することで、民主主義は失敗だという話の信憑性も増す。

強い民主主義、つまり民主主義が浸透している国は、弱い民主主義よりもあらゆる点で優位であるが、一つだけ例外がある。弱い民主主義はどの時点で失敗したかがわかるという点である。一九六七年のギリシャが好例だ。今ではそうしたことはない。クーデタが起きても、最後の一撃というものはない。クーデタの前後という分け方もできない。その間に混沌たる闇が広がっているだけである。

緻密に計算された陰謀がなければクーデタは成功しない。相手に決してわからないように、秘密裡に、精緻に組み立て、そして相手の隙を突く必要がある。実行するまで、首謀者は手の内をさらしてはならない。軍事クーデタが見られなくなって、そうした陰謀も姿を消した。民主主義が発展した国でクーデタが成功する可能性はほとんどない。だが、クーデタが衰退した一方、今度は手の内を一切さらさない陰謀論が隆盛になった。

現在、陰謀論と言われているものは目新しい考えではない。いつの時代にも陰謀論は存在する。古代アテネの民主政は策略や秘密会合に対する疑念が渦巻く中で崩壊した。隠れた勢力が体制の転覆を謀っていると想像力を働かせることは民主主義の生命線である。その理由は二つある。人は誰しも何かに騙されているのではないかと思い込みがちだ。民主主義の下で人々は考えていることを自由に話すことができるが、もし誰に騙されているかわからないとすれば、首謀者がわからなくしているのである。これが一つ。もう一つは、実際、首謀者は騙していることを隠そうとするということである。そして、陰謀論は断続的に発生する。紀元前四一二年に、アテネの民主政はスパルタの少数勢力に乗っ取られるという噂が流れた。一年後には、実際にそうなったかのようにみなが話すようになった。

現代民主主義もそれと同じである。陰謀論という用語が使われ出したのは比較的最近のことで、一九六〇年代にケネディ大統領の暗殺が陰謀ではないかという世論の声が高まってからであるが、現象としてはずっと以前からあった。民主政治が発展してきた十九世紀と二十世紀を通じて、それ自体が欺瞞であると絶えず言われてきた。秘密エリートが後ろで糸を引いているというのである。代議制民主主義がエリートの権限を強化し、彼らが密室の中で物事を進めてきた事実が、こうした疑念に拍車をかけた。開かれた民主主義と口では言いながら、秘密裡に物事を進めようとする政治システムは、陰謀論が跋扈する温床となる。

専制では、相手を貶めようとする陰謀が内部に蔓延しており、陰謀論者も体制側に存在する。圧制に虐げられている側にとって陰謀論に意味はない。そもそも隠そうとする真実がない。国家は策略と暴力で運営される。たとえ嘘であっても起きたことがすべてなのである。民主主義の場合、政府が公約したことと、政府上層部の俗人的な関係の間にギャップがあり、それが陰謀論者の武器となる。

無論、代議制民主主義は欺瞞ではないので、民主主義国の市民がすべて陰謀論者であるわけはない。エリートの行き過ぎを抑制する仕組みがシステムに備わっている。富裕層であっても良家の生まれであっても例外ではない。多くの人が人権を保障され、物質的な豊かさをもたらす民主主義の恩恵を享受している。陰謀論者もそのひとりではあるが、それでも利益が十分でないと主張する。どのような民主主義であっても、勝者と敗者は存在する。アメリカの政治学者であるジョー・ペアーレントとジョー・ウシンスキの二人は、「陰謀論は敗者の論理だ」と述べている。[16]

歴史的なデータにもそれは表れている。ペアーレントとウシンスキは、アメリカにおける過去一世紀の陰謀論の拡大状況を調査し、権力の所在と相関関係があることを示した。[17] 権力から疎外されたと感じる人々は、反民主主義勢力の謀略によって権利を奪われたと考える傾向が強い。民主主義が秘密組織によって運営されていると信じる人は一定割合存在するのである。いつの時代にも、全体の二十五パーセントから三十三パーセントの人が陰謀論に与するとされる。だが、ホワイトハウスの主がどの党であるかによって支持を変える人がいるだろうか？

民主党大統領の場合、共和党支持者は、大統領が実は共産主義者であるか、実はイスラム教徒か、アメリカ人ではなく、従って政府は外国の諜報部員によってコントロールされていると考える。共和党大統領の場合には、民主党支持者は民主主義がウォール街に取り込まれているか、政権が石油業界から資金提供を受けていると考える。ジョージ・W・ブッシュ大統領の時、民主党支持者が陰謀論者だった。オバマが後を引き継ぐと役割が交替し、共和党支持者が陰謀論者となった。自分の支持する党が敗北するよりも勝利する時の方が、民主主義に価値があると思えるのである。だが、なかには往生際の悪い敗者もいる。敗北したのは選挙制度に不正があったからだと考える。そうした意識を変えるためにも選挙に勝たなければならない。

最も頑固な陰謀論者は、民主政治の下では絶対に勝つことができないと考える人である。最近のイギリスの有権者に対する調査から、陰謀論は恒久的に権利を奪われたと感じている層に最も浸透していることが示された。[18] 勝利する可能性のない政党を支持している場合、特に二大政党制と小選挙区制の下では、確かに民主主義は自分にとって不利な制度だと感じるだろう。支持する政党がない場合は最悪だ。昔からあるアナキストのスローガンは、誰に投票しても同じことだ、結局勝つのは政府だというものである。これはアナキストに限ったことではない。政治が変わることを信じることができない人は、投票に意味を見出せない。投票しない人の意見は政治に反映されないので、自分たちはシステムから疎外されていると感じるようになる。

こうした悪循環は生じる。しかし、民主政治への影響は限定的だ。有権者の大勢が支持する政党が勝利している限り、それがどの政党であるかにかかわらず、民主主義は機能する。危険なのは恒常的に選挙で負けている人の数が勝者の数を上回る場合である。そうなると、陰謀論は少数による趣味的な活動から多数による本格的な対抗勢力へと変貌する。私たちはそうした変化の渦中にあるのかもしれない。

そう考えると、二十一世紀は陰謀論の黄金時代になりつつあると言える。陰謀論は至る所に存在する。なかにはインターネット時代でなければ見向きもされなかった、幻想のようなアイディアもある。イギリスの王室が人の姿をしたトカゲだという意見に共感する人がいるとは思われないが、陰謀論にはその類いのものもある。そうしたアイディアが散見されるのは、最近になって急に増加したからというよりも、大衆の支持を得られやすくなったからという方が正確だろう。より多くの顧客が財・サービスを利用するにつれてその財・サービスの価値が増すというネットワーク効果は、そのアイディアの善し悪しとは関係ない。つまり、陰謀論に関心を持つ人が多いほど、そこに参加する意味も増す。人々はソーシャルネットワークの参加者が多いほど安心するのである。

かつてと変わったこともある。陰謀論は敗者の論理ではなくなった。勝者も利用するようになったのである。ドナルド・トランプは、大統領選を戦うにあたって、オバマ大統領がアメリカ市民ではないという根強い国籍陰謀論を利用した。この「出生地疑惑」は、敗者の政治の典型である。オバマに反対する有権者は、自分たちの声が届かないのは彼が外国人だからだとする陰謀論に飛びついた。トランプはホワイトハウスへの選挙期間中、この陰謀論を振りかざしたが、投票日が近づくと渋々トーンダウンした。しかし、選挙に勝利した後も止めたわけではない。大統領に就任してからもトランプはオーバルオフィスから陰謀論をまき散らした。彼は敗者となった相手候補が大規模な不正選挙で一般投票に勝利したと非難した。主流派メディアに対しても、自分の信用を貶めようとフェイクニュースを流したと批判した。前任大統領が電話を盗聴したと攻撃した。どれも証拠はほとんどない。勝者であるはずのトランプが、敗者であるかのように振る舞った。彼は自分の立場を強固にし、支持者をしっかりと繋ぎとめるためにそうしたのである。

トランプが大統領選挙に勝利した後、負けた民主党は前任大統領の陰謀論を否定し、その代わりに新大統領に関する陰謀論を流布しはじめた。すぐに、ロシアの傀儡であるというトランプ包囲網ができた。トランプと側近は、考え得る唯一の方法で応戦した。ロシアに操られていたのは相手の方だ、フェイクニュースを流したのは民主党だと、陰謀論で仕返しをしたのである。陰謀論が至るところに存在すると感じる一つの理由は、相手の真意を順番に質問していくというやり方をしなくなっているためである。今では、みなが一斉に陰謀論をまくし立てているのだ。

これは、ポピュリズムが国内政治を支配している時に見られる特徴にほかならない。ポピュリズムの基本的な考えは、左派であるか右派であるかにかかわらず、エリートが人々の手から民主主義を奪ったというものである。それに反論するには、口先では民主主義と言いながら、密室で物事を進めてきたエリートが、公の場に出てこなければならない。陰謀論はポピュリズムの論理なのである。トランプの大統領就任演説がまさにそれだった。トランプの政治に対する考え方は、世界の他のポピュリスト指導者たちと同じである。

トルコのエルドアン大統領が政敵を攻撃する際の常套句は、トルコ人民に対して陰謀を画策しているというものだ。陰謀の首謀者には、かつての盟友ギュレンとその一派だけではなく、ＥＵ

やＩＭＦ、「金利ロビイスト」と称されるユダヤ人も含まれる。ポーランドでは政府与党である「法と正義」（PiS）が、あらゆる問題について、「システム」が原因だと繰り返す。システムにおいては、選挙で選ばれていない高官と組織が外国政府に操られている。「法と正義」（PiS）の党首であり共同創設者であるヤロスワフ・カチンスキは、「外国政府に買収された一握りの層や、ポーランドの利益を考えない国内勢力でなく、民主主義によって意思決定できるかという問題だ」[19]と述べている。インドのナレンドラ・モディ首相はトランプと同じようにツイッターで、外国の勢力から「ディープ・ステート〔国家内国家、闇の政府〕」まで、自分を失脚させようと画策する者を糾弾する。一方、モディ首相の政敵は、モディが選挙で勝利したのは不正投票によるものだ、彼はパキスタンのスパイである、実はユダヤ人だなど、途方もない陰謀論を展開している。ポピュリズムはあらゆることを偏執症的に歪めるのだ。

陰謀論が統治の哲学とされると、それは自己強化しはじめる。有権者はシステムに不正があるという疑念を訴えるために、列に並んで待つことはしない。勝者も敗者も、民主主義では自分たちを陥れるための密謀が行われていると思い込む。この悪循環を断ち切るにはどうすればよいのか？　それは非常に困難だ。一つの方法は、本当に陰謀を企んでいる首謀者を公の場に出し、誰が正しいかを証明することである。しかし、これまで見てきたように、クーデタのあり方は昔と変わってしまい、うまくいくとは思われない。別の方法として、偽の陰謀論が偽物であることを公にし、誰が間違っているかを明らかにすることだ。だが、これも現実的ではない。実際、トルこのクーデタ未遂事件は何も解決しなかった。みなが思っていることが真実だとわかっただけである。そこで証明されたのは、エルドアンは陰謀の被害者であると同時に、陰謀を画策する側のエージェントでもあったということだった。

二〇一〇年、当時ポーランド大統領であり、ヤロスワフ・カチンスキの弟であったレフ・カチンスキは、ロシアの西部、スモレンスク近郊にあるカティンの森で、スターリン体制によって一九四〇年に殺された二万人に上るポーランド軍将校らの追悼七十周年記念式典に出席するために搭乗していた飛行機の墜落事故により死亡した。ヤロスワフと側近は、この事故が、ロシア、EU、自由主義の既成勢力、秘密共産党員とユダヤ人を含む「システム」によって引き起こされたものだと非難した。何度も調査されたが、悪天候によるパイロットの操縦ミス以外の原因を示す証拠は見つからなかった。だが、仮にさらなる調査によって、ロシアが事故に関与した証拠が出てきたとしても何も変わらないだろう。謀略を認めたくない者は、新しい調査が政府の陰謀だと言うだけである。自分が信じたいものだけを信じる傾向はますます強まっている。ポピュリスト政治はそうした心理につけ込むだけでなく煽るのである。

こうした現代政治の傾向と同じ特徴を過去の歴史の中に見出すことはできる。ただし、そのためには、正しい時代を参照する必要がある。二十世紀より前の時代を見なければならない。一九三〇年代よりも一八九〇年代の方が現在の混乱した状況を説明する上で有益なのだ。一九三〇年代は陰謀論の隆盛な時代だった。ワイマール共和国の崩壊にはじまり、独ソ不可侵条約の締結で終わるこの時代は、最も疑り深い陰謀論者をも十二分に満足させた。しかし、一八九〇年代はそれを上回る大陰謀論の時代だったのである。

ポピュリズムは決して目新しいものではない。民主主義国において、不況、技術革新、格差拡大、戦争の不在といった特定の条件下に見られる現象である。こうした条件を満たしたのは何も現代がはじめてではない。十九世紀の終わりもまた、怒れるポピュリズムの波によって民主主義が蹂躙された時代だった。やはり現在と同じように、怒りという土壌の上に陰謀論が、対立する政党の双方に蔓延したのである。

近代アメリカ史でも、一八九〇年代ほど陰謀論が大きく展開し、増殖した時代はない。それ以降は、冷戦初期の一九四〇年代後半から一九五〇年代初頭にかけて、マッカーシズムというウイルスがアメリカの民衆を偏執症に罹らせ、党派を分裂させた時代がある。十九世紀終わりのポピュリズムは、歴史学者であるリチャード・ホフスタッターの有名な、「アメリカ政治のパラノイド・スタイル」の格好のケーススタディとなった。[20] このパラノイド・スタイルは現在も健在である。

当時と現在に共通する点は多い。十九世紀のポピュリストの勃興は経済危機が原因だった。当時のアメリカ経済は一八七〇年代からつづく長い景気後退期にあり、物価と賃金が大きく低下した。経済危機は農業を直撃し、食料が農業によって供給されていることを忘れた都市生活者に対して農業労働者は不満を募らせた。大都市のエリートに対する民衆の怒りは、一八九三年の銀行危機に端を発した金融恐慌によって先鋭化した。

また、この時期には技術革新も進行していた。鉄道、蒸気船、電信、電灯はその後社会に長期的な利益をもたらしたが、短期的には将来への不安から混乱を招いた。古くからある職業は淘汰され、新しい職業に取って代わられた。そこで生み出された富の分配は著しく不公平だった。巨万の富を獲得した投資家がいる一方、多くの人の所得は低下した。人々は、選挙で選ばれた政治家は特殊利益に支配されているのではないかと疑うようになり、そうした疑念の矛先は移民、特にユダヤ人に向けられたのである。

アメリカでは、二大政党の一つで大衆迎合的な大統領候補者が擁立された。ウィリアム・ジェニングス・ブライアンは民主党候補者として一八九六年の大統領選挙を戦った。敗れはしたものの、彼の選挙キャンペーンは、未来のポピュリストがホワイトハウスを攻撃する特質をすべて備えていた。彼はエネルギッシュで、慣習に囚われず、既成勢力はそれが自覚であっても敵とみなした。また、直接対話をしたり、地方紙や自身が作成した政治パンフレットを使うことを好み、可能な限り大手メディアを避けた。そのため事実関係においては大雑把なところがあった。また、ブライアンは経済の専門家や権威は、金融に関する陰謀に加担し、アメリカの一般市民から搾取しているとして忌避した。自分たちが困窮しているのは、外国資本、特にロスチャイルドといったロンドンのシティの銀行家のせいだと非難した。そして、自分が大統領選挙に勝利すれば、アメリカ農業の利益を最優先にすると公約したのである。

民主制度の信用が失墜したのはアメリカだけではない。一八九〇年代のフランスもまた、壮大な陰謀論の舞台となった。一八九四年に起きたドレフュス事件はフランス陸軍の将校がスパイ容疑で逮捕された事件だが、一八九〇年代終わりまでにフランス全土に伝播し、世論を二分した。ドレフュスを擁護する側も糾弾する側も、共和国の転覆をめぐり、ユダヤ人、カトリック教会、ドイツ、イギリス、共産主義、銀行の思惑が激しく入り交じる中で論争が繰り広げられた。こうした陰謀論により選挙政権が擁立され、また崩壊していった。フランス民主主義は崩壊の瀬戸際に追い詰められ、内戦が勃発する気配すらあった。

しかし、十九世紀に起きたポピュリズムの波は結局砕け散った。アメリカとフランスはどちらも民主主義を堅持したのである。ブライアンは大統領選に三度出馬したが、一度も勝利することはなかった。一九一三年にホワイトハウスの主となったのは新進気鋭の政治学者で、プリンストン大学の総長を務め、専門家集団の筆頭であったウッドロー・ウィルソンだった。また、ドレフュスは何年にもわたり微かな望みをかけて異議申し立てをつづけ、一九〇六年にようやく無罪となった。本当に陰謀があったのかはっきりしなかったが、それはもはや重要ではなかった。誰もが辟易としており、フランス政治が次に向かって前進することを求めていた。軍部は平常に戻り、クーデタが起きることはなかった。

この出来事が、現在、民主主義不信に陥っているポピュリズムを、呪縛から解放する教訓になるだろうか？　二十世紀初頭、民主主義はポピュリズムの挑戦を受けたことで、逆に強大な力を発揮することができた。選挙で選ばれた政治家は民衆の怒りに直面し、それを取り込むことで主流派の力とした。陰謀論の時代は過ぎ去り、大いなる変革の時代がはじまる。[21]

アメリカでは、セオドア・ルーズベルト大統領がトラスト規制に乗り出し、石油、鉄鋼、銀行の独占を禁止した。彼は、革新主義的な改革こそ、ポピュリズムの怒りから民主主義を守る唯一の方法だと考えたのである。同じ頃、フランスでは、社会党がはじめて政権を担い、福祉政策を打ち出した。イギリスでは、やはりポピュリズムの脅威から労働党が躍進する。他方で、自由党は〔世襲貴族に占められている〕貴族院と対立するなど政治改革を推し進めた。民主主義が定着している国では、ポピュリズムの脅威から民主主義が強化されたのである。

ただし、当時と現在では決定的な違いがある。二十世紀初めの民主主義は若かったのである。世界各国に広まっていたものの、まだ根付いてはいなかった。民主主義が機能していた国は数カ国にとどまり、そうした国々でも完全なものとは言えなかった。イギリス、フランス、アメリカでは女性をはじめ、多くの国民にはまだ選挙権が認められていなかった。いずれの国もまだ基本的な公共サービスすらできていなかった。保険、医療、教育は各地の民間や慈善活動がばらばらに、パッチワーク的に提供されていた。税収は現在とは比較にならないほど微々たるものだった。一九〇〇年代における先進民主主義国の所得税の最高税率は十パーセントを大きく下回っていた。また、公的債務も最低水準であり、均衡予算が金科玉条とされていた。政治に人々の生活をよくするような積極的役割はなかった。当時は、異常事態でも起きない限り、人々が国家権力を実感することはなかったのである。

新しい時代における民主主義国の政治家はそこに目をつけた。陰謀論やそれに反論する陰謀論の終わりのない非難合戦の何が真実なのかを証明することは不可能だ。それは誰にもできないだろう。みな陰謀論という沼地に足を取られ、溺れていく。だが、主流派政治家は民主主義が本物であると証明しようと努めることはできる。社会に埋もれている潜在的可能性を呼び起こすのだ。もっとも、このやり方が現在も有効であるかは疑わしくもある。

二十世紀初頭の民主主義国の改革者は、民主主義のシステムに内在する巨大な未開発領域を利用することができた。参政権を拡大する余地が十分にあり、債務の借入余地も大きく、政府の権限を拡充することも、課税ベースを広くし、政党や労働組合の活動を活発化させ、国家に対する信頼を高める余地もあった。民主主義の伸び代は大きかったのである。だが、政治がそれを実現することはいつの時代も簡単ではない。成し遂げるには、アメリカのルーズベルトやウィルソンのように、イギリスのロイド・ジョージのように、あるいはフランスのジャン・ジョレスやジョルジュ・クレマンソーのように、偉大な才能と情熱を備えた政治家の存在が不可欠だ。ポピュリストの怒りが消えることはない。それはより不信感を煽り、悪意を持った活動となり、何世代か後には民主主義を破壊するようになるかもしれない。この時代、ポピュリズムは社会民主主義にもファシズムにすら変貌し得たのだ。陰謀論の使い方を誤ると、より恐ろしい報復を招きかねなかった。だが、アメリカ、イギリス、そしてフランスでも、そうした事態にはならなかった。

　現在では、システムの伸び代は当時ほど残っていない。民主主義はもう若くない。一世紀前に存在した巨大で手つかずの空洞はもはやないのである。有権者の裾野は拡大し、参政権をめぐる戦いは収束した。国家に期待する公共サービスは幅広く提供されるようになっている。公共債務そして民間債務は高水準にある。税負担はさらに大きくなるかもしれない――実際、過去百年超の間に増加してきた――が、これ以上の増税は国民の反発を招くだろう。これまで民主主義が機能していた国や地域で、ポピュリズムが既成勢力に反旗を翻している。人々は期待に応えてくれない体制に怒っているが、それは制度が未熟だからではなく、倦み疲れているのだ。

　これでは、人々の間に渦巻く疑念を取り除くことは難しい。民主主義は機能していない。機能していればポピュリズムの反乱は起きなかっただろう。だが、機能するように努めることは、これまで試していなかった方法に思いを馳せるより、失ったものばかり気にしてしまう。政治の議論は福祉国家、憲法、経済、安全保障、自由をいかに回復、救済するかをめぐるものである。誰もが奪われた権利を取り戻そうと綱引きし、そして陣取り合戦になる。これが陰謀論の温床になるのである。つまり、相手のせいで自分たちは失ったのだ！　と相手を責める。民主党が憲法で保障された自由を奪った！　共和党がマイノリティの権利を奪った！　欧州がイギリスの主権を盗んだ！　ブレグジット支持者は労働者の権利を奪った！　という具合に。さらに、こうした非難を、民主主義を救済するという名目で正当化しようとするのだ。新しい方法は、すべての人にとって民主主義の経験値を高める機会になる。だが、失われたものを取り戻そうとする意味は限定的だ。失った者が誰かに責任を押しつけるだけである。

新しいことを試みる余地はある。後の章で、どのような方法があるのか、民主主義が再び機能するためにどう変わることができるのかについて見ていく。今、民主主義はそれが最も浸透している国や地域で制度疲労を起こしている。救済策はあるのか？　アメリカ民主主義の歴史をたどると、袋小路に入り込んだ時、民主主義の基本的権利を拡張することで民主主義が息を吹き返した例を見ることができる。一八六〇年代の奴隷解放、二十世紀初めの女性の参政権獲得と労働者の権利保護、一九五〇年代と一九六〇年代の公民権運動である。

権利をめぐる争いはそれだけではない。最近になって獲得された権利もあれば、まだ獲得されていないものもある。同性愛の権利と同性婚法は獲得された権利の一つだ。トランスジェンダーの権利はまだ認められておらず、争いはつづいている。とはいえ、民主主義が成熟するほど、参政権など民主的権利の拡大余地は小さくなる。権利の内容も細分化される。いまだに参政権を付与されていない権利は限界的と位置づけられ、権利を主張しても、少数のために多数が犠牲になってもよいのかという反論に掻き消される可能性がある。まさに今、ポピュリズムの不満の炎に油を注いでいるのがアイデンティティ・ポリティクスなのである。二〇一六年、共和党の政治家は、トランプが鬼の首をとったかのようにヒラリー・クリントンとウォール街の関係を攻撃したように、トランスジェンダーの人々が公共トイレを使う場合、男女どちらのトイレを使うべきかという論争を繰り広げることで自己を利し、溜飲を下げたのである。今では、誰が利益団体であるかを見極めることも、かつてより難しくなっている。

もう一つ、当時と現在の大きな違いは、暴力が減少していることである。二十世紀初頭は、現在からすると暴力の多い時代であった。一八九〇年代を通じて、アメリカでは二千件を超えるリンチ事件があった。ストライキは連邦軍や州兵によって武力鎮圧されるのが常だった。一八九四年のプルマン鉄道ストライキでは、連邦軍が出動し、ストライキに参加していた労働者三十人が死亡した。人種暴動は頻発していた。一八九八年、ノースカロライナ州ウィルミントンで白人至上主義者によって六十人の黒人市民が殺され、その後多くの黒人住民がこの街を去った。これはまさに民族浄化であった。国内テロも広範囲で発生した。一八九六年と一九〇〇年の大統領選でウィリアム・ブライアンを敗って大統領となったウィリアム・マッキンリーは、一九〇一年にアナキストの凶弾に倒れた。魔女狩りとも言える大規模な犯人捜しが行われたが、当時のポピュリズムによる暴挙は、このように政治的暗殺が半ば常態化していた中で発生したのである。

現在、政治はこうした暴力にさらされているわけではない。より暴力的になったかのように見えることがあるかもしれないが、それは情報が共有され拡散されるようになったためである。テロを最たるものとする暴力は、ソーシャルメディアの時代には直ちに視覚化され、リアルタイムで見ることができる。他の場所で引き起こされた暴力は、かつてよりも一層身近に感じることが可能になり、その結果、人々は暴力を広く間接的に経験するようになった。しかし、暴力を直接経験する機会は、歴史上例を見ないほど少なくなった。私たちが暴力に直面する可能性は過去百年の中で最も低いのである。たしかに、アメリカでは、アフリカ系アメリカ人の若い男性にとって、国家から受けるものを含め暴力の脅威は切実だ。しかし、それは現代のポピュリズムとは異なる問題である。ドナルド・トランプが大統領就任演説の中でアメリカ国民が「大虐殺」されていると述べたことは、二つの事実を巧みに利用している。彼の支持者は言われた状況を見ているが実際に経験しているわけではないこと。これは偏執症を助長する。そして、人は間接的に見聞きすることに最も恐れを抱くということだ。

二十一世紀初めが二十世紀初めと共通するのは、ポピュリズムが興る前提条件として先に挙げたうちの四番目、戦争のないことである。ポピュリズム時代の政治的暴力とは、規模の大小にかかわらず、局地的、断片的、散発的、そして機会主義的という特徴を持つ。すべての国民の集合的経験ではない。ポピュリズムは戦争のない時に、民主主義は全国民に共有されているという考えに対抗する。これを戦時に主張することは難しい。戦時では良きにつけ悪しきにつけ、市民とエリート層が団結しているので、体制に異を唱えることは容易でないからだ。

戦争が起きると、国民は一致団結するというのが見せかけに過ぎない場合もある。一八九〇年代後半、アメリカはスペインとの間で、キューバ、フィリピンをはじめとするスペイン植民地をめぐって戦争を起こした。新聞は安易な主戦論を展開し、国威発揚を促進した。だが、国家の団結は表面的で長続きせず、煽情的なイエロー・ジャーナリズムはフェイクニュースを粗製濫造しただけだった。二十世紀初頭にイギリスが戦ったボーア戦争では、国民が熱心に支持したのはごく短期間であり、最終的に国民を結束させるどころか、分断する事態となった。二〇〇三年のイラク戦争と、今につづくアフガニスタン戦争も同様である。帝国主義的な行動では国民の団結は覚束ない。人々は騙されたと感じ、むしろ陰謀論を延焼させる結果となる。

　国の存亡を賭けた戦争となると事情は変わってくる。二十世紀の最初の十年間で、民主主義がどのようにポピュリズムを制御し得たのか。これには二つの要因がある。一つは民主主義改革、もう一つは世界大戦である。どちらも必要であったが、十分ではなかった。ここに、百年前と現在の共通項を見出すことは難しい。

　一九一四年以前に、ウィルソン、クレマンソーやロイド・ジョージといった政治家が成し遂げたことはいずれも重要だが、総力戦における功績は、それらとは比較にならないほど大きい。国民を総動員する戦争は、民主主義に対する国民の完全な関与《コミット》がなければ正当化されない。第一次世界大戦時、イギリスとアメリカでは女性も男性と同じ参政権を獲得した。第二次世界大戦時には、フランス、そしてインドといった新興民主主義国にも拡大した。戦争によってイギリスは福祉国家としての素地を築いた。国民を戦争に総動員するために市民の健康と完全雇用が必要だったのである。

　アメリカは大恐慌を契機としてニューディール政策という国家的実験に踏み切り、政治経済改革を断行した。この政策に国民が同意し、国民の福祉を増進するべく連邦政府の権限を強化することができたのは、これがファシズムとの戦争だったからである。政策には、復員兵援護法（GI Bill）に基づき復員兵が大学で教育を受けられる給付金など幅広い教育手当が盛り込まれた。第二次世界大戦後の欧州でも同様に、戦禍による破壊と窮状こそが、社会民主主義的な計画を推し進める原動力だった。政治学には昔から、国家が戦争をつくり、戦争が国家をつくるというスローガンがある。民主主義も例外ではない。民主主義が戦争をつくり、戦争が民主主義をつくるのである。別のスローガンである、民主主義国は戦争を起こさない、では意味がわかりづらくなる。もちろん、非民主主義の軍事国家は常に存在する。

民主主義国と非民主主義国の軍事的紛争は、現代政治の特徴とされてきた。だが、先進国にとって戦争で破壊される影響は到底容認し得ないほど甚大となることが想定されることから、二十一世紀に総力戦が起きるとは考えにくい。総力戦はすべてを破壊し尽くすだろう。そして、国家の存亡を賭けた戦争がない中で国民を団結させようと策を弄しても、民主主義に対する国民の疑念を晴らすことはできない。むしろ、増幅する方向に向かうだろう。戦争は今やショーと化し、「傍観者型民主主義」の様相を呈しているだけでなく、陰謀論に分類されるのである。

二十一世紀には、ほとんどの市民は戦争の負担を直接担うことはない。戦闘は、遠く離れた場所で、ドローンや特殊部隊によって行われ、戦費も公的債務、税金として間接的に賄われる。ニュースが断続的に報道され、人々の注目を集めることを除けば、戦争が国民全体の集合的経験であるとは言えない。軍事的紛争では国民は団結しないのだ。兵役が一般的である国と、ほとんど聞いたことすらない国に分断されている。お互いに不信感を抱いている。戦争に対する経験の差が、民主的な生活に深い断層をつくっているのである。

私は、民主主義を復活させるには総力戦が必要だと言っているのではない。それは狂気の沙汰だ。また、平和な時代は陰謀論が生まれるので問題だと言うつもりもない。それは馬鹿げている。平和の価値を考えれば、陰謀論と共存するくらいの代償を払っても惜しくない。陰謀論は、民主主義が誤った方向にある兆候に過ぎず、それ自体は脅威でない。本当に困難なのは、総力戦のような暴力がない時代に、ポピュリズムの根を取り除くことである。

ポピュリズムの原動力として挙げた条件の三番目は格差拡大である。これは民主社会にとって根深く、今まさに問題となっている。西欧民主主義国の所得と富の格差は「金ぴか時代」と言われた十九世紀末以降で最大である。トマ・ピケティは、著書『21世紀の資本』（山形浩生他訳、みすず書房、二〇一四年）で資本主義の長い歴史の中で格差が拡大の一途をたどったことを指摘したが、それは民主主義の歴史と重なる。[22] 二十世紀に一時、格差拡大の傾向が反転したが、これは二度の世界大戦という集合的経験の影響であった。一九一四年から一九四五年にかけて引き起こされた暴力と破壊はすさまじいものだったが、それによって格差拡大に歯止めがかかったのである。

第一次世界大戦前に実施された民主主義改革は格差拡大を抑止したとピケティは指摘する。しかし、改革の最中に大戦が勃発したことで、どの程度効果があったのか、果たして十分なものだったのかは明らかでない。同様に、戦争がなかった場合、ニューディールが民主主義の救済に貢献したのかもはっきりしない。戦争が介在したことでこの問い自体に意味がなくなったからである。大規模な戦争の存在を抜きにして格差是正に取り組む方法があるのか、歴史はその答えを教えてくれない。民主主義の力でそれを成し遂げたという証拠はないのである。

古代史の専門家であるウォルター・シャイデルは、さらに踏み込んだ議論を展開する。二〇一七年の著書『暴力と不平等の人類史――戦争・革命・崩壊・疫病』（鬼澤忍他訳、東洋経済新報社、二〇一九年）で、大規模な暴力がなければ格差を是正することはできないと主張した。[23] 戦争という形態を取らなくとも、暴力革命、自然災害、疫病であってもよい。国の存亡を賭けた戦争のように社会的連帯を形成する必要はない。みなが等しく苦難に遭っていると感じる、つまり、人々に暴力を集合的経験として広く認知させることができればよいのである。貧困層だけでなく、富裕層の財産や生活も根こそぎ奪う悲劇が平等な社会を実現する。それは同時に、この世の地獄でもある。

これは民主主義の未来にどのような示唆となるのだろう？　民主主義は、暴力を抑止し、災害に備え、人々の平穏な生活が守られている時、最も成功していると言える。しかし、その成功の結果、格差に対する民主主義の歯止めが効かなくなった。第二次世界大戦後の政治秩序が一九七〇年代末に崩壊すると、格差は再び拡大する。その後、暴力は減少する一方、格差は拡大していった。この傾向は冷戦が終結すると加速する。そして、二〇〇八年に金融危機が発生すると、格差に対するポピュリストの反動がはじまるのである。人々は社会がいかに不平等であるかに気づき、富裕層は金融危機に関して罰されないと明らかになったことで、それは決定的になった。しかし、ポピュリストの反乱だけで格差を是正することは難しい。一九一四年の時と同じように、断片的な改革も実施された。オバマ政権は、拡大一途の格差に一石を投じようとしたのである。だが、トランプ政権が割り込んできたことで、施策の効果はわからず終いとなった。

現在、民主主義は暴力を抑制するシステムを備えており、かつてのように暴力をもって解決する必要はない。少しずつ進歩していくことは可能である。大きな進歩を達成することは難しい。少し進歩すると反動が起こることを繰り返し、脱線するリスクが高い。私たちは袋小路に入り込んでしまったのかもしれない。

暴力と格差の問題は、民主主義とクーデタの問題をもっと大きな枠組みで捉えたものと言える。民主主義が暴力によって転覆されることで、民主主義の防御方法がわかるようになる。そうでなければただ存在しているだけの民主主義では人々は不満を募らせ、いずれ相互不信に陥る結果となる。民主主義が陰謀論とフェイクニュースの罠に陥ったのは、これがはじめてではない。しかし、出口が見えないという経験ははじめてのことだ。改革を実施することは可能だが、効果は限定的かもしれない。暴力に依存することは現実には不可能だが、それしか方法はないのかもしれない。民主主義は暴力という問題を解決するには極めて効果的だが、他方、暴力は格差問題を解決するための条件でもあったのである。今後、何が起きるか予断を許さない。これまでと何も変わらないかもしれない。民主主義がなし崩し的に暴力に堕すことはない。ただ漂流し、頽廃していくのだ。

多くの国では、民主主義が成長しつづけており、今後も成熟していく余地が十分にある。インドの民主主義は比較的若く、改革によって数億という人々にその恩恵が行き渡るようになることが期待できる。アフリカを含め、世界には民主主義が根付いていない国や地域がある。そうしたところでは、政治改革によって、眠っている大きな可能性を呼び覚ますことができる。二十一世紀は、蔓延する不信感と分断された社会に対して、民主主義が、暴力に頼ることなく対処するという壮大な実験が成功する時代になるかもしれない。

しかし、民主主義が成長していく過程では、クーデタ、武力による転覆、崩壊が起こり頓挫するリスクも大きくなる。民主主義の成功は常に失敗と背中合わせであり、そのリスクも民主主義が成立するための条件なのだが、ただし、それは二十世紀の西欧民主主義の話である。現在の先進民主主義国には当てはまらない。二十一世紀は、民主主義が果たして機能しているのか、またはいないのかがわからない状況で、どこまで存続しつづけるかという実験の時代になるかもしれない。この実験がどこで終わるかはっきりしない。だが、永遠につづくこともない。

本当に大惨事が起きれば、そこで実験は終わる。その場合、実験は行き場をなくすことになる。二十一世紀に、みなを納得させるように、民主主義が機能しているかについて実証実験を行った結果、民主主義は存続しないという結論になるかもしれない。災害がすべてを解決してくれると期待することは、世界の終わりを待つようなものである。次章では、このことについて考える。

第二章　大惨事！

どこへ行っても、死の影。農夫たちは、どこのだれが病気になったというはなしでもちきり。町の医者は、見たこともない病気があとからあとから出てくるのに、とまどうばかりだった。そのうち、突然死ぬ人も出てきた。何の原因か、わからない。大人だけではない。子供も死んだ。元気よく遊んでいると思った子供が急に気分が悪くなり、二、三時間後にはもう冷たくなっていた。

自然は、沈黙した。うす気味悪い。鳥たちは、どこへ行ってしまったのか。……ひさしのといのなかや屋根板のすき間から、白い細かい粒がのぞいていた。何週間まえのことだったか、この白い粒が、雪のように、屋根や庭や野原や小川に降り注いだ。

病める世界——新しい生命の誕生をつげる声ももはやきかれない。でも、魔法にかけられたのでも、敵におそわれたわけでもない。すべては、人間がみずからまねいた禍いだった。

（青樹簗一訳）[1]

これは一九六二年六月、ニューヨーカー誌に掲載されたレイチェル・カーソンの「沈黙の春」の冒頭である。彼女は架空の地域を舞台に、実際に起きた一連の出来事がもたらす苦しみを描いた。そこに描写されたのはどこかで発生した災害だが、同じ場所で起きたものではなく、また同じ時期に発生したものでもない。カーソンが描いた、社会の病んでいく様子は、民主主義の行く末とは一見無関係のように思われる。彼女が書いたのは環境被害についてであって政治問題ではない。しかし、民主主義の終焉に置き換えて読むこともできる。ここに描かれた架空の地域はアメリカという民主社会に確かに存在するのだ。生命が死滅すれば、民主主義も終わる。そして、カーソンが指摘するように、災害は外部からもたらされたのではない。「人間がみずからまねいた禍いだった」のである。

「沈黙の春」は、第二次世界大戦から数十年が経った時期に、大惨事の黙示録としてニューヨーカー誌に掲載された三本の記事の二本目として発表された。最初の記事は一九四六年八月に発表された、ジョン・ハーシーの「ヒロシマ」である。これは、核兵器の実相を被害者の視点から伝えた。

> その築山から谷本氏は、驚くべき景観《パノラマ》を見たのである。予想していた己斐《こい》の一区画だけではない。濁った大気越しに眺めうるかぎりの広島市街から、恐ろしい毒気がもうもうと立ちのぼっているのだ。たちこめる砂塵を貫いて、遠く、また近く、煙がもくもくと噴き上がり

はじめた。静かな空から、こんな広い区域にわたる大損害をどうして加えたのか、どうも不思議である。上空はるかをたった数機が飛んだとしても、音が聞こえそうなものだ。近くの家々が燃えている。おはじき玉大の水滴が落ちはじめた。火焔と闘う消防隊のホースからの飛沫だと思った（実はすでに何マイルも広島の上空高く、荒れ動く巨塔の姿となって盛り上がった埃と、熱と、破片とのかたまりから、湿気の凝縮が滴となって降ったのである）。」

（石川欣一他訳[2]）

被爆者からの聞き取りに基づくハーシーの描写には説得力があった。核兵器は敵に脅威を与えて屈服させるだけの手段でない。地獄への扉なのだということを多くの読者に訴えたのである。

黙示録の三本目はハンナ・アーレントの「イェルサレムのアイヒマン」である。これは一九六三年二月中旬から四週にわたってニューヨーカー誌に掲載された。[3] アーレントは、亀のように縮こまった小男に、かくも多くの人を破滅へと追いやった責任があると言えるだろうかと問いかけた。彼女自身、それを知りたいと思っていたのである。彼女は「悪の陳腐さ」と表現し、それは論考の標語となった。アドルフ・アイヒマンは奇怪な怪物ではなかった。想像力のかけらもなく、自分の頭で考えることのできない男だった。だが、それこそ、彼が恐るべき残虐さを発揮し得た理由なのである。アーレントは、すべての人がアイヒマンと同じ性質を持つとは言っていない。私たちは隠れナチスではないのだ。しかし、どのような社会にもアイヒマンは存在する。自分の属する社会も例外ではない。その人は、普段は想像力を必要としない単調な事務作業をしている。こうした人は、どれほど残酷なことを命じられても抵抗できないからこそ危険なのである。破壊行為をする人は、他の人と比べて目立つわけではない。私たちと同じように社会に存在している。

こうして、現代文明は自壊していく。たとえば、大量破壊兵器で自滅する。環境を致命的に汚染して滅亡する。何も考えない官僚機構と主体性を持たない役人という悪が蔓延して滅びるのである。

いずれの場合も、民主主義は元凶でない。ハーシーはアメリカ国民が広島を選んで恐怖を頭上に落としたとは考えなかった。国民に選択権はなかった。フランクリン・ルーズベルトの死を受けて一九四五年に副大統領から大統領に就任したトルーマンは、極秘裏に開発された兵器を使用することを密かに決定した。国民が知らされたのはすべてが終わってからであった。ハーシーはアメリカが何をしたのかを伝えたかったのである。これは、民主社会は核兵器による惨劇を是認するかという問題ではない。それに賛成する人はいないだろう。そうではなく、民主社会に止めることができるかが問われているのだ。

カーソンは、環境破壊に賛成する人がいるとは思っていなかった。農薬を過剰に散布することの賛否が問われたわけではない。そうしたことに誰も注意を払わなかった。周りで何が起きているかに気づくことができなかったのである。アーレントは、ドイツ国民がホロコーストを積極的に支持したと言ったのではない。当時のドイツは全体主義で、独裁制の下に人々の意識はねじ曲げられていた。アイヒマンのおぞましい例を見れば、近代官僚システムがいかに人を歪ませ、暴走させるかがわかる。そして、民主主義にも官僚システムは備えられているのだ。

ハーシー、カーソン、アーレントは、それぞれアプローチこそ異なるが、大惨事を題材に人々の意識を喚起した。恐ろしい出来事や状況を描写することで、読者が最悪の事態に思いを馳せるようにしたのである。世界が終わることを喜ぶ人はいない。取り返しがつかなくなる前に、私たちが気づき、止めることができるかが問われている。二十世紀中頃には、大惨事という思考の枠組みが民主政治のカンフル剤となると期待されていた。危険が迫っていると人々の目を覚まさせてくれると考えられたのである。今でもそうであるかが民主主義の命運を決する。

大惨事によって崩壊することとクーデタで転覆することは異なる。クーデタは民主主義にとって惨事であるが、生活は営まれ、社会も存続する。アイヒマンが世界に与えた影響はそれと全く異なるものだ。人の存亡に関わるのである。あらゆる価値を破壊してしまう。アーレントにとって、現代政治学が提示した究極的な問いは、アイヒマンが依然として恐怖の象徴である中で、「この惑星に人類が住みつづけるためには、何が必要か」[4]ということだった。これは政治体制が存続しつづけるよりはるかに遠大な問題である。人類の存在意義を見失わず、保ちつづけることが問われているのである。

こうしたことについて、常に冷静に考えることは難しい。大惨事の前では民主主義の命運など取るに足りないものに思えてくる。民主主義だけが消耗し、なくなることもあり得る。ギリシャでは、民主主義が絶えても社会は存続した。逆に、民主主義は救済されるが世界が滅亡するということも考えられる。トランプが存亡を賭けたジレンマを将校に突きつけるのも、本質的には同じ問題だ。アメリカでは最終兵器である核兵器の行使は大統領の裁量で決定する。大統領が世界を激変させるボタンを押すことを止める権限は誰にもない。核兵器の存在が大統領に権限を与える。一九四六年原子力法——ボタンを押したがる将校から民主主義を守るために制定された一九四六年法が法的根拠となった。つまり、共和国を守るために、最高指揮官である大統領に抹殺する権利まで与えることになったのである。

その一方、大惨事で民主主義がなくなってしまえば、人々の意識を高めることもない。人々が、自分の行っていることに意味があると信じることが必要なのである。そうでないと無力感が大きくなってしまう。恐怖によって人々に行動を促すつもりが、逆に停滞を招く結果となる。形だけの民主主義の下で人々は傍観者に過ぎず、いずれ離れていくかもしれない。

ハンナ・アーレントは二十世紀の民主主義には精神喪失状態《マインドレスネス》が内在すると喝破した。現代民主主義は独自のルールや規制に従って機械的に作業することを必要とし、大規模官僚システムを作り出した。このシステムは、人間の価値よりも技術的な専門知識を重視したのである。古代の民主政はそうではなかった。そこで必要とされたのは人間そのものだった。現代民主主義は、人間らしさを失い、人工的になっており、これは危険である。重要な意思決定は人が行うが、創造的な洞察が見られない。決められたことだけをする。または、時として衝動的になる。アーレントがアイヒマンから感じたのは、決められたことだけしていると、強い破壊的な衝動を起こすようになるということだった。自分の頭で考えることをしなくなるのである。

環境破壊、核戦争や大量虐殺の記憶の忘却は、精神喪失状態と関係している。精神喪失状態はさまざまな形態で現れる。ある種の認識不足として――自分たちが楽しむことに夢中で、将来必要となる生息場所を破壊していることに気づかないといった注意力散漫な状態、または、核の抑止からリスクを顧みない報復の応酬に一転し、すべてが誤った方向に向かう場合のリスクを見失うといった神経過敏な状態、あるいは、大して考えることなく、みながそうしているからという理由で破壊的行為に従事する状態などである。いずれのケースも、呪縛を解くための方策が必要になる。

民主主義はその方策なのだろうか？　それとも呪縛なのだろうか？

環境破壊の脅威は一九六二年よりも増している。だが、奇妙なことに、危機感が喚起されない――死の影は広まったが、同時に収縮した。

レイチェル・カーソンは、ＤＤＴといった農薬が無闇に乱用されていることに焦点をあてた。彼女は、農薬使用のメリットをはるかに超えるリスクがほとんど認識されていないことを問題視したのである。その結果、彼女は農薬を製造する化学産業に嘲笑され、進歩に対する無知な敵というレッテルを貼られることになった。さらに、現在では遺伝子組換え作物で知られる巨大化学メーカーのモンサント社は、『沈黙の春』のパロディとして、「荒涼たる年」を一九六二年十月に出版したのである。

そして、荒涼たる年は静かにはじまった。危険を理解している人は多くなかった。結局、冬になればハエも飛ばなくなるのだ。小さな虫が数匹いたところで何になるだろう？　殺虫剤のような小さなものに依存しなければならないよい生活とは何だろうか？　虫は一体どこにいるのか？

虫は至る所にいる。目に見えず、音もしない。

世界中に信じられないほど存在している。

毎一平方フット（〇・三〇四八平方メートル）から、一平方ヤード（三平方フィート、〇・九一四四平方メートル）、一エーカー（約四千四十七平方メートル）の土地について、郡や市単位、州単位、そしてアメリカ全土の土地に隈なく生息している。家庭の家屋、納屋、マンションや鶏舎、材木、建物の基礎部分、設備や家具の至る所に棲んでいる。地中にも水中にも、木の枝や幹、動物や他の昆虫の中に、そう、人間の中にもいるのだ。(5)

虫は食糧を食い荒し、土地を荒廃させ、悲劇は拡大していった。架空の出来事として描いているが、殺虫剤が開発されるまで、アメリカ中で見られた光景だったとモンサント社は指摘した。

この論争に勝利したのはカーソンだった。大統領が彼女の主張に注目し、一九六三年、大統領科学諮問委員会に諮問されると、彼女の主張は概ね妥当であると報告されたのである。農薬は深刻な健康被害を引き起こし、長期にわたり環境を汚染することが示された。農薬に関する規制は強化され、農薬の被害と利益について、政府では証拠に基づく検討が定期的になされるようになった。十年後、ＤＤＴの使用は禁止された。

また、カーソンは人々の意識を喚起することにも成功した。『沈黙の春』は環境保護運動が広がるきっかけとなり、政府に規制強化を促した。こうした圧力政治が奏功した背景には、情報の自由、集会の自由、法の支配に対する信頼があった。つまり、これは優れて民主的な事象であった。民主主義だったからこそ、汚染者に説明責任を問うことが可能だったのである。

その後数十年の間に、先進民主主義国では環境汚染対策が進められ、それは競合する他の政治制度よりも大きな成果を上げてきた。特に独裁国家の環境汚染はひどいものだった。共産体制時代に東欧の上空を覆った大気汚染がそれを証明している。環境対策において、民主主義には二つ優位性がある。一つ目は、不都合な真実を追及する圧力団体の影響力、二つ目は、代替的手法を試行する市場経済の存在である。『沈黙の春』が出版された後、すべての殺虫剤が禁止されたわけではない。一部だけだ。ほとんどは安全性を改善するとともに強力になった。一九六二年のモンサント社とカーソンの関係のように、イノベーターとロビイストはお互いを信用しない。健全な民主主義の下では、こうした相互不信も生産性を高める効果がある。お互い、相手に行動することを促すのである。

今日、こうした民主主義の優位性は薄らいでいる。中国の多くの都市で大気汚染が大きな問題となっているが、民主主義国であるインドも似たり寄ったりだ。大規模な石炭燃料による急激な経済成長は、政治体制にかかわらず、大気を汚染する。一方、アメリカ連邦政府では、一部州政府で抵抗が見られるものの、カーソンの時代の環境保護対策を後退させようとしている。民主主義は、人類の生活環境をますます不安定にしているのである。

カーソンはアメリカ政府と多くの市民とともに、環境破壊に対して警鐘を鳴らしてきたが、もはやかつてほど人々の共感を呼ばなくなっている。それには三つの理由がある。一つ目は成功したことだ。はじめの恐怖が克服されると、次にはさほど恐怖を感じなくなる。今、恐いのは慢心だろう。一度でも危機を乗り越えると、その後の危機を大したことはないと楽観視しがちで、危機をどのように脱したかを忘れてしまうのである。二つ目は、五十年前と比較すると、環境規制に関する政治的な亀裂が深まっている。経済学者のポール・クルーグマンは、原因の一つに格差拡大を挙げる。(6) 環境破壊に対して集団で行動を起こすには、公共財の価値についての合意が必要になる。不平等な社会ほど人々の費用対便益は均等でないため、合意形成が難しくなる。一九七〇年、第一期ニクソン政権で大気汚染防止法は、上院で賛成七十三、反対〇で可決された。現在の政治情勢で、環境に関する問題は何であれ、全員合意で可決するとはおよそ考えられない。三つ目は、カーソンが想定していた最悪の事態を凌ぐ脅威が存在することである。今、人々の頭を占めているのは環境被害ではなく気候変動に対する懸念なのだ。これは農薬よりも危険であるが、誰も当時ほど恐怖を感じていない。

私は、何も怖がらせて行動を起こさせる作家を探しているのではない。最近のフィクション小説は、急速に温暖化の進む世界を描いたものが多いが、それはカーソンの示唆した暗黒世界よりも恐ろしい。行く手に待ち受けるのは、干上がった荒野、略奪し合う生存者、崩壊した社会制度、急増する暴力である。だが、これは想像上の未来である。カーソンが描いたのは、現に起きていることだ。気候変動は人々にとってまだ差し迫った危機ではない。アメリカ南部の沿岸では状況に変化が見られるかもしれない。また、最貧国は気候変動の影響をより直接的に受けている。実際、世界各地で影響の度合いは異なる。カーソンは、これは世界的な脅威だと広く知らしめた点で天才的だった。それはどこで起きてもおかしくなかったのである。対照的に、気候変動は私たちを団結させるどころか、分裂させている。

現在のジャーナリズムは、カーソンの手法にならい、気候変動がもたらした被害について、特に資源が乏しく、人々の生活が苦しい途上国の状況を伝えようとしている。しかし、カーソンのように、緊急性と特異性を豊かな国に訴えることができない。終末論的な話は巷に溢れ、人々は慣れてしまっているので、目新しさもない。みな、終末論に辟易しているのだ。

つまり、前の世代には農薬の脅威に対して危機感を抱かせることができたが、気候変動については同じようにならなかったのである。地球温暖化の脅威は、世界中のあらゆる地域に及び、拡散し、そして不確実である。だが、それを認識させるカンフル剤がない。人々は疑惑や陰謀の呪縛から解放されるどころか、さらに疑心暗鬼になっている有様だ。現在のもっとも頑迷な陰謀論は気候変動に関するものなのである。しばしば、でっち上げだとすら言われる。世界政府の創立を目論む秘密エリートが野心を正当化するためには世界規模の集団的行動を起こす必要がある。そこで秘密エリートは気候変動という話をでっち上げ、科学者まで買収したのだという具合である。これは、そのようなことをして誰が得をするのだ？　という、政治では必ず受ける質問に対する答えでもある。

気候変動という科学の信用を貶めることで得をするのは誰か。この質問に対する答えもはっきりしている。化石燃料産業である。このように、陰謀論に対処するのは陰謀論なのである。ただし、真の陰謀も確かに存在する。エクソンモービル社は、気候変動の科学的根拠に反証するため、多額の研究費を投じた。だが、疑念は疑念を生み、環境保護論者まで環境問題に進展が見られない理由を陰謀論で説明しようとする。お互いに相手の信用を貶め合うことは、自己修正でなく自己強化である。気候変動をめぐって、誰が誰を騙しているのかという議論が過熱することは、民主主義を蝕んでいる。

また、こうした状況は政府上層部の権限強化を促進する。これは、議会で環境関連法を成立させることが不可能だとわかった時にオバマが選択した方法だ（ニクソンに容易にできたことがオバマにはできなかったという厳しい現実がある）。大統領令によって政治的決着を図ることには問題が二つある。一つ目は、大統領が決定したことを、大統領は覆せるということである。気候変動に関するオバマのレガシーを取り消すことは、医療保険というレガシーを取り消すより簡単だ。トランプが撤回すると大統領令に署名すればすむ。二つ目は、議会を避けようとすることは政党政治を骨抜きにする。合意形成がなければ誰も本気で取り組もうとしなくなる。議会を回避しようとする動きが民主政治を害してきたのである。

今では、意識を高めることが必要だという主張に耳を貸す人はいない。気候変動について言えば、人々はリスクを知らなかったわけではない。何年もその事実を押しつけられてきた。カーソンはまだ誰も気づいていない事実、環境が長期的に破壊されることを人々に知ってほしかったのである。今、私たちは自分が何をしているかわかっている。ただ、そのことに目を向けたくないのだ。

だが、意識を高めようとする動きは別のところで起きている。気候に関する政治に最も熱心に取り組んでいるのは否定論者である。彼らは、気候問題は自由主義者の陰謀だと考えている。気候変動という現実に反対することに膨大な民主的エネルギーが注がれている。これは極めて非生産的だ。アーレントが暗示したように、現代政治では躁的な興奮状態と一種の催眠状態に同時に陥ることがある。気候変動に関しては、民主主義は治癒の手段ではなく、呪縛になっている様相を強めている。トランプがホワイトハウスの主となり、アメリカをパリ協定から離脱させる方針を明らかにした（アメリカは協定に参加しない少数の国の一つとなった）ことで、改めて懐疑論者に批判の矛先が向けられることになった。それでも、不信という瘴気を払拭することはできないのである。

環境破壊というフィクションが現実のものとなった時、民主政治は目を覚ますだろう。混沌や暴力を原動力として最善の形を引き出すことが民主主義の強さの一つである。一九六〇年代の環境政治が今より扱いやすかったのは、すべてを破壊した世界大戦の記憶が生々しい時代だったからである。川が汚染され、鳥が空からいなくなった当時と違い、現在、人類が環境に及ぼしてきた影響に関する証拠を見るともはや取り返しがつかないように思われる。何が起きているかはわかっていたはずである。遅まきながら知りたいと思った時にはすでに手の施しようがないかもしれない。

核による終末論への危機感についてはどうだろうか？　私たちはどの段階にいるのだろう？　ハーシーの著書『ヒロシマ』は、今でも学生を中心に広く読まれている。爆心地で何が起きたかを彼以上に描写し得た人はいない。なぜなら、核兵器の大都市への投下は繰り返されていないからだ。唯一の例外は広島の数日後に投下された長崎である。カーソンの時代よりも前の出来事であるが、後にも先にもこれほどの惨劇はない。現在でも私たちの感性に訴える。他方、遠い昔の話になりつつあることも事実である。核戦争によって現実に何が起きるのかを考えざるを得なかった戦争の時代から七十年が過ぎた。核開発が進み、核の保有国の分布も拡大したことで、核戦争の勃発する危険性は増している。しかし、その恐怖が行動に結びつくことはない。脅威ではあるが、同時に理論の域を出ないのだ。情報通のエリートが核の脅威を人々に伝えるが、それは経験に裏打ちされているわけではない。

冷戦時代には、全面的核戦争の恐怖が現実に存在し、反核運動が市民の間に広がった。反核グループによるロビイ活動は環境保護運動に匹敵する規模と範囲で展開された。イギリスでは最大で二百万人が核軍縮キャンペーン（Campaign for Nuclear Disarmament, CND）に参加し、欧州最大の市民団体と言われていた。市民運動は、一九六〇年代初頭のキューバ危機の時、そして一九八〇年代はじめにレーガン政権が核開発競争に突き進んだ時に、超大国の核をめぐる緊張の高まりに呼応するように活発化したのである。

現在、ＣＮＤの参加者は数千人と見る影もなく、実質的な活動はしていない。活動を主導していたジェレミー・コービンが二〇一五年に労働党党首となったが、首相になれずにいることも皮肉なことだ。今でもコービンは核軍縮に熱心だが、冷戦の記憶を持たない若い世代から共感を得られずにいる。コービンは二〇一七年のイギリス総選挙に、トライデント・システムの更新による核抑止を公約に掲げ出馬した。労働党にとって、核廃絶の優先順位は低く、それよりも教育費無償化の方が重要だとされていた。コービンはトライデント・システムの更新による核抑止に対する党の優先順位を変えることができるかもしれないが、それは彼のイデオロギー的な野心であって一般大衆の期待ではない。核軍縮には人々を動機づけ、行動させる力がないのである。

それどころか、陰の実力者と呼ばれる、選挙によらない一部のエリートの手によって、これは国際的なガバナンス問題にすり替えられた。コービンが核保有とする一方で、ヘンリー・キッシンジャーは核廃絶を訴えていることは二重の意味で皮肉だ。近時、核軍縮を推し進めているのは、かつてアメリカ政府高官であったキッシンジャー、ジョージ・シュルツ、ウィリアム・ペリー、サム・ナンである。タイム誌は、「核黙示録の四騎士」と称した。(7) 前の二人は国務長官を務め、ペリーは国防長官を務めた。ナンは上院議員であるが役職に就いていない。四人とも冷戦時代の国家戦略を担い、核兵器が平和を主導する立場にあった。だが、冷戦が終わると、核兵器を国際安全保障上の最大の脅威とみなし、核廃絶を提唱したのである。彼らの説明はもっともなものだった。ただし、民主的な要素は皆無だ。今や、核軍縮は別の政治問題に置き換えられてしまったのである。

冷戦のピーク時には、政治的偏執を招く元凶は核兵器だった。スタンリー・キューブリックの一九六四年の映画『博士の異常な愛情──または私は如何にして心配するのを止めて水爆を愛するようになったか』は、アメリカ政治の偏執的な傾向を表現した傑作である。この作品は人々が陰謀論に侵されていく世界を風刺し、助長した。核保有国に秘密はつきもので、さらに激しい疑念を生み出す。相互確証破壊（Mutually Assured Destruction, MAD）が蔓延する混乱した世界では何が起きてもおかしくないのである。だが、現在、陰謀論は至る所に存在するが、核兵器に関するものはほとんどない。偏執的な傾向はどこか別の場所へ飛び去ったのだ。かつてアメリカ政治の熟練フィクサーであったキッシンジャーも、国際会議の場では時代遅れのひとりに過ぎなくなった。トランプの後ろでキッシンジャーが糸を引いているとわかっても、それで恐れる人はいない。人々があらためて時代が変わったことを認識した瞬間であった。

気候変動による危機は、核による大惨事の危機と逆向きになる。政治的不確実性が危機感を希薄にする点は共通している。気候変動では、未来の不確実性が懸念される。災害が起きると予想されるが、どのような形で、いつ発生するかわからないために具体的な政治行動を起こすことができない。核兵器の場合、不確実なのは過去である。現在までどのように生存できたかがわからないのだ。政治的スキルによるものなのか？　ただの幸運なのか？　冷戦時代、多くの人の知らないところで核の大惨事を引き起こしかねないニアミスは数多くあった。たとえば、航空機が衝突しかけた、軍部の命令が誤って伝達された、指揮官が泥酔していたなどである。平和な時代がつづいたのは、無作為なニアミスが連続したという偶然に過ぎず、恐ろしい事故や体制が繰り返される可能性があるのだろうか？　戦闘で人類に対してもう一度核兵器が使用されることがあれば、その時はすべてが変わる。それが起きる時まで、または核兵器が廃絶されない限り、状況が変わることはない。私たちは不確実性と常に隣り合わせなのである。

皮肉なことに、一世代前と比べて今の方が核兵器が使用される蓋然性は高くなっている。もはや相互確証破壊の理屈は通用しない。核戦争が起きてもすべてが破壊されることはないかもしれない。テロリストはより粗雑な核兵器を獲得するかもしれず、その場合には使用を躊躇しない可能性がある。同じように、アメリカで開発した高精度で、放射性下降物を封じ込める最先端の兵器を、軍部が従来型戦争の延長だとして最高指揮官に使用を促すかもしれない。だが、その結果何が起こるかは予断を許さない。核兵器使用は理由なくタブーとされているのではないのである。

気候変動が政治的な力を持たず、人々を動かさないのは、その影響が徐々に進行するためだ。環境破壊がもたらす世界の終わりは、時間をかけて忍び寄るのである。人々にとっては噂の域を出ない。核のもたらす惨事が政治的行動につながらないのは、その結果、何も起きないか、すべてが破壊されるかのオール・オア・ナッシングであるためである。すべてが無になるという恐怖は、あまりに途方がなく、現実味がない。幸運を祈る以外にできることはないのである。

では、悪とは何だろうか？ 私たちは悪を恐れているだろうか？ トランプの大統領就任は、ナチスの再現という悪夢を呼び覚ました。人々は一九三〇年代を振り返り、答えを求めようとする。歴史学者のティモシー・スナイダーは二〇一七年、著書『暴政——二十世紀の歴史に学ぶ二〇のレッスン』（池田年穂訳、慶應義塾大学出版会、二〇一七年）で、最悪の事態が繰り返されることはないと楽観することは見当違いだと警鐘を鳴らした。ドイツのワイマール共和国は、民主主義はそれ自体を守るものではないことを証明した。民主主義は敵対的乗っ取りを防ぐことができなかった。市民が積極的に行動しなければ民主主義を守ることはできないのである。

スナイダーは、アーレントが注意を促したくだり、「私たちが惹きつけられるのは、何ものをも解明する隠された真実や後ろめたい陰謀という考え方」を引用し、自説を展開する。彼は、これは全体主義の兆候を示しており、「ポスト・トゥルース」は、「ファシズムの前夜」であると言う。考えることなく、周囲に流され、同調する危険な傾向に注目する。「確信犯として殺害した人間もある程度いたでしょう。ただ、殺害に荷担した他の多くの者たちは、自分の意志を貫くのを恐れていただけでした。順応主義《コンフォーミズム》以外の力も当然働いたでしょう。とはいえ、順応する者《コンフォーミスト》がいなかったなら、あの巨大な虐殺行為の数々は不可能だったはずです」[8]。

　ホロコーストの闇に焦点を当てることは人々の注意を喚起するが、一方で、オオカミ少年となるリスクもある。陰謀論は全体主義の兆候だとすることは、二十一世紀の陰謀論の多くが全体主義に対抗する最後の砦であったことを忘れている。スナイダーは、抵抗する際の原則の一つとして、「自分で調べよ。自分でものごとを解き明かして」を挙げる。トランプの支持者は自分はそうしていると思っているだろう。彼らは同調せず、自分の頭で考えていると信じているのだ。スナイダーが、彼らはオンラインに流れているフェイクニュースに騙されており、愚かだと批判しても、逆にスナイダーこそ、トランプがヒトラーだという自由主義者の笑止千万なステレオタイプに調子を合わせていると反論するだろう。

　本当の脅威が現実に起きても、この議論が収束することはないだろう。もっとも、二十一世紀のアメリカをはじめとする民主主義国であれば危機を回避することは可能だ。オオカミが来ることはない。トランプがヒトラーにならない限り——そのようなことにはならない——、誰も反証されることはないのである。

　ポピュリズムの時代には、悪の陳腐さに注意を呼びかける民主主義擁護の勢力がある一方、それに対抗する勢力もある。ポピュリストにとって、盲目的な官僚主義が恐ろしい構想に支配されてしまうことがリスクなのではない。盲目的な官僚主義こそが真に恐ろしいリスクなのであり、民主主義は抵抗しなければならない。ポピュリストと反ポピュリストの両陣営とも、自分は民主主義を守るために戦っていると主張する。現代の対立の構図は、民主主義対陰謀論ではない。陰謀論対民主主義の名を借りた陰謀論なのである。現在起きていることは一九三〇年代の再現ではない。一八九〇年代の繰り返しであり、今回は答えがまだ見つからないのだ。

ヒトラーを思い起こすと、民主主義を終焉させる二つの方法がわかる。ナチズムは民主政体、すなわちワイマール共和国を終わらせたことで民主主義を途絶えさせ、独裁制がそれに取って代わった。ドイツ社会は辛うじて維持されたが、ナチズムとともに奈落に落ち、粉々に砕け散って壊れた。ナチズムがスターリニズムと衝突したことは最悪の事態を招いた。欧州中央部から東欧地帯にかけて、スナイダーは「ブラッドランド」と称した――これは彼の本のタイトルにもなった。ここでは人命が軽視され、無辜の人々の命が奪われたのである。[9]

二十世紀半ばには、文明が終わりを迎える前兆として、政治体制としての民主主義が終焉した。ただし、二十一世紀になると順序が逆になった。今では民主主義を終わらせることは誰にもできない。文明の方が先に終わる可能性すらある。協調主義者と非協調主義者は互いに相手を中傷しながらも、結局どちらも民主主義を維持させようとしている。そうした中にあって、大惨事の脅威が人知れず忍び寄っている。

＊＊＊

世界の終わりを建設的に考える方法はあるだろうか？　終末論を無視することは無責任である。しかし、最悪の事態ばかりに囚われてしまうと、ほかの重要なことを考える時間がなくなってしまう。心気症のように、死のことで頭がいっぱいになってしまう。そうなると、生きることに対して極めて歪んだ考えしか持てなくなる。

壊滅的な大惨事は、一部でなく全体に被害が及ぶことだけが問題なのではない。全く違う。すべてが破壊されるというのは何にも増して恐ろしいことなのである。哲学者のデレク・パーフィットは、この問題を次のような三つのシナリオで示した。

1　人類がすべて滅亡する。
2　人類の九十九パーセントが滅する。
3　誰ひとり死なない。(10)

第一のシナリオは第二よりはるかにひどく、第二のシナリオは第三より若干悪い。人間の基本的価値を尊重するという観点からは、「誰ひとり死なない」から「人類の九十九パーセントが滅する」となる方が、「人類の九十九パーセントが滅する」から「人類がすべて滅亡する」よりもましである。こう言ってしまうことは冷酷であり、すべての人間に価値があると考える立場からは容認できるものではない。第二のシナリオでは人類はほとんど滅亡してしまうのだ！　それでも違いはある。全人類が死滅する第一のシナリオが他と違う。それは、復活の可能性がなく、あらゆる価値が消滅する点にある。すべてが失われてしまうのである。

この問題に対するアプローチとして、「予防原則」がよく知られている。科学的評価が困難であっても、重大な被害を及ぼす可能性があるのであれば、それに対する予防的措置を講じなければならないという考え方である。これは主に環境問題について適用される。たとえば、将来の気候変動がどの程度の影響を及ぼすかはわからない。想像するほどひどくないかもしれない、あるいは文明の存続を脅かすものであるかもしれない。後者の可能性が低くとも、どのようなリスクがあるのかわからないとしても、可能性がある以上は注意し、備える意味があると考えるのだ。直面するリスクが何であるかはっきりしない場合、はっきりするまで対処しないのではなく、直ちに対処するのである。対処したことが無駄であったとしても、そこで費やしたコストは許容可能だ。だが、何の対策もせず最悪の事態になれば、許容できる範囲を超える損害が発生するだろう。これはパスカルの賭けの一種である。地獄に落ちる方に賭けることはないのだ。

他方、予防原則には批判も多い。たとえば、ほかにリスクと思われる事象を劣後し、判断が歪められることが指摘されている。例外的なリスクばかりが重視されると、通常のリスクが軽視されるようになる可能性がある。しかもコストがかかる点は同じである。たとえば、気候変動に予防的な措置を講じることが副次的なリスクを発生させる。コストが余計にかかることで、途上国の経済成長の芽を摘んでしまい、（医療保険の向上を下支えするのは経済成長であるため）結果として生命が失われ、社会不安や政治的紛争を引き起こす要因となる。だが、それでも生存は可能だ。そうでなければ人類は今日まで存続していないだろう。しかし、気候変動について最悪のシナリオが起きたとして、存続不可能だと言い切ることはできるだろうか？　どのような大災害であっても、生存者がいれば、他のリスクと区別する理由はない。すべてが滅亡するリスクについてのみ、特別な対策を講じるべきなのである。

この最後のタイプは、「滅亡リスク」という用語で説明される。これは、取り返しのつかない事象をいう。人類の滅亡だけではこの究極の災害には該当しない。それ以上の事象、すなわち惑星を破壊し、地球上のあらゆる生命を滅亡させるような事象である。慢心した物理学者の実験が失敗し、宇宙全体を破壊することも想定される。この場合、私たちだけでなく、私たちにとっては未知の生命にまで重大な影響が及ぶことになる。極端に過ぎると思われるかもしれないが、滅亡リスクの理論では、科学者が物理の法則を駆使して、宇宙全体をまるで小さなボールで遊ぶかのように扱う可能性が僅かでもあるのであれば、それに対する備えが必要だとされるのである。

宇宙の終わりと比べれば、民主主義の終わりなど些細な問題だ。こう考える人は、降りかかる火の粉から何としてでも民主主義を守らなければならないと信じている。そうすることで、より生きやすくなる。しかし、これは民主主義が私たちを守ってくれると考えるのとは別の話である。滅亡リスクの前では、民主主義も消耗品に過ぎない。そうならないために、あらゆる手段を講じなければならない。啓蒙するのであれば、対象は科学者、政策立案者、哲学者だろう。次に起ることを誰が決定するかは大した問題ではない。何が決定されるかが重要なのだ。次があるのか、ないのかが問題なのである。

二十一世紀における究極の大災害には、二十世紀の終末論も含まれるが、それをはるかに超えるものになると想定される。核兵器による大量殺戮の可能性は依然として脅威だ。世界に何千とある核兵器のほんの一部でも、もし同時に爆発を起こせば、地球上の生命はほぼ死滅するだろう。気候変動によって「大惨事的」な温暖化や寒冷化が引き起こされれば、暴走温室効果や放射フィードバックによって寒冷化が進み、地球全体が火、または氷に覆われる可能性がある。生物工学は、特に生物兵器に転用された場合には生命の存続を脅かす。しかし、現在最も懸念されるのは、新たなテクノロジーの意図せざる威力である。これは終末論の最新型と言える。近い将来、人間に制御できない機械を作り出してしまう可能性がある。

こうした機械のサイズは微小であるかもしれない。ナノテクノロジーの長年の懸念は、ごく小さな、自己増殖を図るロボットが増えつづけ、世界を支配するというものだ。または、人間に似せて作られたロボットだが、重要な点が欠けているかもしれない。ロボットの学習能力が進歩した結果、人間のように物事を考えることはできないが人間並みの知能を持つロボットが作られる可能性は飛躍的に高まった。ロボットは世界を破壊するまで命じられるままに作業しつづけるかもしれない。たとえば、ペーパークリップの製造能力を最大にすれば、世界を埋め尽くすほど作り出すかもしれない。停止ボタンを押してやめさせることはできる。しかし、停止ボタンがない場合はどうすればよい？　または、ロボットが停止ボタンを操作できる場合は？　あるいは、ロボットが停止ボタンを押されないように、人間のスイッチを切ってしまうことを考えた場合は？

殺人ロボットに追われているのに、誰に投票しようかと考える余裕はない。滅亡リスクが希薄であると、政治は対策を何も考えない。その代わり、ロボットが操作できないような停止ボタンを作るといった技術的な解決方法が注目されるようになる。人間にとって有為な判断は、技術的な問題を理解できる一握りの者に委ねられる。彼らが正しい選択をすることになる。つまり、機械を作る能力のある者だけが機械を止めることができる。その他の者は傍観者なのである。

滅亡リスクが民主主義を骨抜きにするという発想は新しいものではない。原子力爆弾が製造された時、何人かの政治思想家は民主主義の終わりだと考えた。有権者は移り気に過ぎ、兵器はあまりに恐ろしい。両者を常に区別して考える必要がある。その意味で、民主主義と、広島の上空で解放された破壊力は共存できない。ハーバード大学の社会理論家であるイレーヌ・スキャリーは、著書『熱核兵器専制君主制――民主主義と滅亡のあいだでの選択』で、「核兵器は、政府をはじめ、民主主義が作り出してきたすべてを破壊する」とし、さらに、「私たちの選択肢は、核兵器を廃絶するか、議会政治と市民を棄てるかであった。そして、議会政治と市民を棄てたのである」と述べている。[11]

スキャリーは、核を保有する国をなくすことで民主主義を復活させたいと考えている。だが、そのようなことは起きない。理由は二つある。一つ目は、核兵器が民主主義を終焉させるならば、民主主義に核兵器を廃絶することはできない。それができるのは核保有国だけである。それに対して人々は傍観することしかできない。二つ目は、核兵器を廃絶したとして、民主主義にはそれ以外の滅亡リスクがあまりに多過ぎるのである。人類を破滅に導く選択肢が増加する中、核戦争はかつてのように破壊の象徴でなくなった。核爆弾による危機が信じられなくなったわけだが、これがAIであっても、または生物工学、大型ハドロンコライダー〔高エネルギー物理実験を目的として、欧州原子核研究機構が開発した世界最大の衝突型円形加速器〕に置き換えたとしても同じである。核兵器は滅亡リスク時代の扉を開いたが、もはや主役ではない。魔神ジーニーのうち、ひとりをランプに戻すことはできるが、すべてを戻すことはできないだろう。

民主主義では滅亡リスクを制御できない。近くで様子を見るのが限界だろう。滅亡リスクを扱う業界では、民主主義を、いずれ役立つかもしれない歴史的価値のある遺跡のように慎重に扱うだろう。実際、誰も民主主義を放棄しようとは思っていない。ルーブル美術館が煙のように消えてしまうなどと想像するだけでもひどい話だが、同じように、民主主義が失われるというのも考えるだけで恐ろしい。民主主義は存続しつづけるだろう。

哲学者であり、オックスフォード大学の人類の未来研究所所長であるニック・ボストロムは、二十一世紀の生命を脅かす技術には従来型のリスク管理方法では対処できないとする論客の急先鋒である。彼は、特に人間の能力では制御することができない「スーパー人工知能」を持つＡＩが及ぼす影響に注目している。また、核戦争と環境破壊についても憂慮している。ボストロムは民主主義の価値を評価しているが、最重要だとは思っていない。民主主義が拡大すれば、戦争が減り平和になるので、人類が存続しつづける可能性は高くなる。しかし、民主主義に傾倒し過ぎると、今度は他の実際的な選択肢に気づけなくなるリスクがある。ボストロムは、「資源が限られている中で、賢明な優先順位をつけることは決定的に重要だ。百万ドルを滅亡リスクの調査に投資すれば将来大きな違いが生まれるが、世界平和のために費やしても大海の一滴に過ぎない」[12]と述べている。

また、ボストロムは、民主主義が人類を危機から救済する上で妨げになることを懸念している。民主社会では、現時点で発生していないリスクや、発生が見込まれないリスクに備えるように説得することは難しい。有権者はすでにわかっている事柄を優先する。だが、人々の生存にとって重要なのは、発生することが明らかでないリスクを予防することなのである。また、彼は、「民主主義では、具体的に何が危険にさらされているのかが視覚的に確認できなければ、果断に行動することができない。しかし、確認できるまで待てば手遅れになるかもしれず、決して得策とは言えない」[13]と言う。

ボストロムは、技術を深く信奉している点で特異な存在感を発揮している。ニューヨーカー誌は二〇一六年、彼の特徴を、他の人よりもはるか先を見据えているが、眼前にあるものにしばしば気づかないと伝えている。技術変化の速さを考えると、二十年後の生活がどのようなものかを想像することは途方もなく難しく感じる。だが、ボストロムは、百万年後の生活を考えることが自分たちの責務だと思っている。彼はまた、死を超越することを望んでいる。彼の友人は、「［ニックの］科学に対する関心の根底には、永遠に生きたいという願望がある」と指摘している。[14]

ニューヨーカー誌の見出しは、「世の終わりの発明」だった。これは二十世紀半ばに、この雑誌が終末論を用いて読者の関心を高めた手法を思い起こさせた。ただし、記事の内容は見出しとは大きく異なるものだった。記事では、ボストロムは陽気で風刺的な人物として描かれ、また、「自分の研究で、モラル的な重要性を極小化できると信じている」とされるなど、彼の知的野心を面白おかしく描写している。明らかに突飛に見えるアイディアにも躊躇することなく向き合う姿勢は独特である。彼を支持する者は、ＡＩの潜在的破壊力に警鐘を鳴らすボストロムの論調をカーソンの『沈黙の春』に重ねる。しかし、彼の伝えたいことは違う。もっと先を見ているのである。「世の終わりの発明」では、政治に全く言及されていない。

ここで、核兵器についてもう一度整理したい。少し引っかかる。滅亡リスクが民主主義の終わりを意味するのであれば、戦後の広島はどうなのだろうか？

四十年にわたる冷戦期、世界は破壊の脅威と常に隣り合わせだったが、民主主義はその時代を乗り越えた。民主主義の機運が広がり、制度として定着し、社会は繁栄した。フランシス・フクヤマは自由民主主義が最終的に勝利し、歴史の終わりが到来すると論じた。今ではそう考えられていないが、核保有国が優勢を誇った時期に、現代民主主義も発展したことははっきりしている。核兵器が民主主義を終わらせるものであったならば、民主主義はなぜ繁栄できたのだろう？

一つの答えは、希望的観測である。冷戦期の民主主義は、存亡を賭けた争いとは無縁だった。福祉、仕事、教育といった生活の必要を満たすために構築されたのである。核保有国の脅威が世界に重くのしかかる中で、民主主義国は発展した。だが、両者は完全に分離していたわけではない。民主政治においても爆弾について議論された。一九六〇年代初め、そして一九八〇年代初めに見られた大規模な反核運動のうねりは、市民の関心の強さを示していた。選挙の争点は軍縮であり、共産主義の脅威であった。有権者はそこにある危機に気づいていたのである。

民主主義がこの時期を乗り切ることができたのは、生活に関する政治問題を存亡を賭けた問題として認識できたためである。選挙における争点が世界の運命を決することはない。それはあり得ない。人々の関心は、事柄の軽重にかかわらず、誰が自分たちを代表する政治家として相応しいかにあった。この人たちが自分たちのために意思決定することをどう思うか？　争点が何であるかが問題なのではない。核による終末論でも、パンの値段でも、問題や争点はそれほど気にされないのだ。

一九六二年十月、「沈黙の春」と、「イェルサレムのアイヒマン」の発表の間で、核をめぐる緊張がかつてないほど高まる事件が起きた。核保有大国であるソ連とアメリカが核戦争の寸前であったキューバ危機の十三日間である。米ソ超大国の軍艦は正面から対峙し、文明は存亡の危機に直面した。最終的に、叡智と幸運に助けられ、ケネディとフルシチョフは瀬戸際で踏みとどまった。その十日後、アメリカの有権者は中間選挙でこの僥倖について評決することになる。大統領はどのように報いられたのだろうか？　結果として、ケネディの民主党は下院、上院でともに議席を失った。有権者の不評を買い、投票所で災いしたのは穀物価格だったのである。

政治家に対する不満が募ると、人々は手段を問わなくなる。有権者にとって、緑の政治と同じように、核の政治も政治家に思い知らせる方便となる。だが、これは民主主義が存亡の危機に対処できることを意味しない。政治家の痛いところを突くには、存亡の危機を持ち出すことが有効だというだけのことである。既成政党が気候変動への取り組みを強化している時、反対すると言えば政治家は意見に耳を傾けるようになる。民主政治では、一方が地球の未来を案じているが、もう一方はそうでないということはない。両者とも関心を持っており、また、両者とも関心がない。世界の終わりを迎えたくないという点では両者にとって関心がある問題だ。だが同時に、民主主義の下で人々が気にするのは、誰が自分たちに指図するかであり、その意味では両者とも個別の問題が何であるかには関心がないのである。

誰かに指図されることを好まないのは専門家も同じだ。そこで、民主政治に委ねると核戦略が不合理なものになるとのリスク認識から、専門家は冷戦時代、存亡に関わる問題について別の空間を彫琢した。「合理的選択理論」が核抑止に選択されたのである。その目的は、常に最適解を追求することにあった。核戦争という極めて重要な問題は、誰が指図するかを気にするような移り気な人間の判断から切り離されなければならないのである。核抑止については独自の意思決定方法を適用することが最善と考えられた。これでは、映画『博士の異常な愛情』でストレンジラブ博士が言った皮肉と同じことになる。すなわち、核戦略のゲームブックに書かれたとおり、世界を救うためには、核兵器を使い切るまで何度でも世界を破壊しなければならないのである。確かにそれは狂気の沙汰だが、核戦略の文脈だけで考えれば一理ある。

実際には、合理的選択理論やゲーム理論と民主主義を完全に分けて考えることはできない。両者は相互に影響し合う。その理由の一つは、ゲーム理論は民主主義にも応用できるからである。核抑止をチキンレースにたとえるとわかりやすい。つまり、不合理に振る舞い、相手が先に目をつぶるように仕向けることが最善の策なのだ。向かい合った車が同時に直進した場合、先にハンドルを切るのは、相手の正気を疑い、直進してくるに違いないと信じたからだ。移り気な民主的世論調査によって、アメリカ大統領は核戦略を専門家に委ねるべきでないとされたならば、アメリカは戦略的には優位に立つと言える。ロシアは常に二の足を踏むだろう。ゲーム理論の観点からは、民主的な意思決定はしばしば愚かしく見える。だが、愚かしさが役に立つ場合もあるのだ。

同じように、ゲーム理論家にも政治的野心はある。核戦争が独自の専門領域とされたことを利用しない理由があるだろうか？　民主主義が愚かならば、政治の他の領域にも厳格なルールを適用することが望ましい。福祉、教育システム、民主的プロセスに至るまで、客観的、現実的、分析的な思考を適用する余地は大きい。すべての人が合理的なエージェントとして扱われ、能力を最大限に発揮することができれば、多くのことが民主主義の混乱に巻き込まれずにすむようになる。

結果として、こうした考え方は、核保有国を足掛かりとして拡大していった。一九七〇年代後半から、経済を解明するために考案されたゲーム理論は民主政治にも利用されるようになった。政治が備え持つ乱雑な文化は、完全競争や効率的市場によって整然と整理された。これは民主主義のもたらす混乱を抑制している限りにおいて、極めて効率的だった。こうした機運の高まりは、歴史の終わりと目された時期と、景気の乱高下が過去のものとなったと思われた時期と重なった。世界は実際どう動いているかという経験則に従った理論よりも、世界はどうであるべきかを示す理論が選好されるようになったのである。だが、世界を作るのは理論でなく、歴史である。実際、二〇〇八年の金融危機以降、移り気な民主主義の逆襲がはじまった。その勢いは現在もつづいている。

民主主義の問題が、隔離されていた核の問題を生活関連の政策に取り込んでしまう点にあるとすれば、ゲーム理論の問題は、生活関連の政策を核の問題に適用する点にある。個人レベルの選択の問題を、存亡に関わる問題と同等に位置づけてモデル化し、文脈を無視して、勝ち負けだけが重視される。確かに疑念の余地のないほど明快だ。しかし、民主主義とはそうしたものではない。民主主義で理想像を追求しても、うまくいかない。不確実性が増すだけである。

冷戦以降、明らかになったのは、民主主義と滅亡リスクは共存できるが、どちらの側も満足することはないということである。民主主義は世界の終わりを救うことはできないが、だからといって民主主義が終焉することもない。民主主義は、不承不承ではあるが、相容れないものと共に存続しつづけるのである。

現代は、ストレンジラブ博士の世界とは異なる。私が滅亡リスクを憂慮するグループと共に過ごした時のことである。知能ロボット、超強力な細菌や地球規模の崩壊について調査している研究者たちは温厚で善意に満ちていた。彼らは民主主義に不満があるのではなく、むしろ長所には敬意を表した。だが、政治に関心があるわけではなかった。むしろ、人類は危機の時代を乗り切ることができるかという二十一世紀の最も重要な課題に向き合う中、〔政治の話題で〕束の間の気晴らしをしているかのようであった。

こうした善良な人々は、知能ロボットが制御不能になるという悪夢のような事態を恐れて、夜中まで研究をつづけているのである。これは悪の陳腐さの究極の姿と言える。感情を持たないロボットが行く手にあるものを片端から壊していく。だが、これはアーレントの言う悪の陳腐さとは異なる。そこに政治的な意図はない。ただの機械なのである。ロボットを正気に戻したり、催眠状態から覚醒させたりすることはできない。これは政治的な問題ではなく、優れて技術的な問題なのだ。停止ボタンの場所がわかればよいのである。

世界を救うためのプロジェクトを政治に邪魔されたくないと考えるのは崇高なことである。だが、それは間違っている。民主主義は、庭木のようにきちんと手入れがされた庭の片隅に納まってはいない。存続する限り、庭の囲いを飛び出すだろう。決められた場所にとどまることをよしとせず、そうするのが当然だと思っている。人々の代わりに善意の専門家が重要な意思決定をすることに反発する。決定権を持つ人々をどう思うか？　いずれ不満を抱くようになる。

二十世紀は、民主主義にとって最悪と言える事態が数多く発生した。戦争や金融危機、他の災害は、リスクに対して人々の目を覚まさせ、最良の結果をもたらした。しかし、滅亡リスクの脅威が高まり、他のリスクに対する危機感が希薄になるにつれて、民主主義も求心力を失っていった。滅亡リスクこそ民主主義にとって害悪だった。人間の力と技術的専門性が引き裂かれたのである。双方とも修復を試みたが、中途半端な関係のまま共存することになった。破局を迎えるまで、冷え切った夫婦のような関係が長くつづくことになるだろう。

二十一世紀の政治をもう一つの暗雲が覆っている。それは相互接続という脅威である。あらゆるものが繋がっていることで世界は脆弱になったという思いが頭を離れない。一つでもおかしくなると、一瞬ですべてが崩壊しかねない。金融、エネルギー、情報通信、医療や輸送は、それぞれのグローバル・システムを管理する者も、すべてを理解している者もいない中で相互に結合している。大規模なシステムは、複雑性が高まると脆弱になる。問題が起きた時、対処する前にショックが拡大する可能性があるからだ。パンデミックは、航空旅行が広く普及した結果、数時間で世界中に伝播するようになった。国際金融では、システムの一角で市場暴落が起きると、ドミノ効果で世界中の市場が暴落する。電力の供給原に問題が発生すると、あらゆるものが機能停止に陥る。ネットワークは、前触れなく崩壊すると考えられるので恐ろしいのだ。人為的な意図は介在しない。突然停止する。全体を集中管理する仕組みはなく、停止ボタンがあるわけでもない。ネットワークのどこで問題が起きるか予測できない。ネットワークの強みは同時にリスクでもある。次に何が起こるか誰にもわからないのだ。

この脅威を描いた現代小説がある。コーマック・マッカーシーは著書『ザ・ロード』（黒原敏行訳、早川書房、二〇〇八年）で、特定不明の原因による世界の終わりを描いた。舞台は地平の果てのどこかであり、わかっているのは、「光のない真っ暗な状態がいつまでもつづき、それから弱い振動が連続して起きた」、「長い鋏の刃のような光が現れたあと一連の底ごもりのする衝撃が起きた」[15]ということだけである。それ以上の情報は必要ない。何かが起きると、その影響はあらゆるものに及ぶ。何が原因かは関係ない。デイヴィッド・ミッチェルの著書『ザ・ボーン・クロックス』では、気候変動の影響で航空機が宇宙に飛ばされてしまう光景が描写される。そして、ネットワークが停止したことで、コミュニティが分断される。こうした事象について、どのように、あるいはなぜということは説明されない。それは問題ではない。人類の文明は、何が起きたのか、誰にも原因がわからないまま、瓦解する可能性があるのだ。人は、制御できない力に直面する時、決定的に無力なのである。私たちの世界は、配電網、ネットワーク、インターネット網、機械などすべてシステムに依存して成り立っている。システムは機能しつづけるものと考えられている。ある日突然止まるまでは。[16]

相互接続の恐ろしさは以前から注目されていた。E・M・フォースターの短編「機械が止まる」（「機械が止まる」、『天国行きの乗合馬車』、E・M・フォースター著作集五巻所収、みすず書房、一九九六年）はディストピアを描いた百年前の短編だが、二十一世紀の現在にも当てはまる内容である。[17]フォースターは、人類はネットワークで繋がっているが、一人ひとりの個人が孤独に生きる活力のない未来社会を描いている。人々は機械に依存して生活しており、機械が機能を停止した時、世界の終わりが訪れる。人々の交流は短いメッセージのみで、あらゆることは機械のボタンを押せばすんでしまう。何かを体験するということはない。「機械」が止まることは死を意味するが、同時に人々は解放され、自由になるのである。

フォースターは、人類は「一方的に接続」すればよいのであって、相互接続するべきではないと考えていた。あらゆるものが結合すると、物事を自分の頭で考えなくなる。これは非常に危険だ。重要であるかないかの分別を失う、つまり物事を判断する材料がなくなるのである。世界が終わるのは、唯一システムが崩壊する時である。システムはあらゆる領域に及んでおり、人間を支配する。そこから自由になるためには、システムを切断するしかない。だが、切断すれば世界は崩壊する。

こうした悪夢のような出来事は情報通信ネットワークに限らない。私たちは、〔業界や製品がお互いに連携する」シェアード・エコシステム、すなわち複雑なエネルギー供給網、想像できない高速で移動する金融のグローバル・ネットワーク、そして、大量の物資を休むことなく運びつづける物流輸送システムに翻弄されているのである。一つの事故で全体が停滞し、機能停止に陥ることは周知の事実だ。何も稼働していない空港で待たされる、キャパシティを超えた患者で溢れる病院で座り込む、ブラックアウトしたコンピュータ画面をただ眺めているなど、一度は経験があるだろう。あらゆるシステムが同時に停滞したり、機能停止した時に何が起こるかは誰にも予想できないだろう。だが、想像をめぐらすことはできる。

こうした恐ろしい事態を前にして、政治にできることはほとんどない。複雑になり過ぎたシステムに対してあまりに無力であることで、恐いと感じるのである。それはただ起きるのだ。現代の終末論者の多くが、なぜこうなったのかについて関心がないのはそのためである。機械が止まってしまえばすべてが終わるのに、何がしたいか？　誰に代表してほしいか？　次の目標は何か？　といった民主主義を活性化させる議論をしても意味はない。

制御できない力に支配された人間は、催眠状態にあるように見えることがある。機械のように、緊密に相互接続された存在とは不毛なものだ。鎮静剤を打たれたような状態にあるとも言える。すべてに完全に関わっているようだが、その実、何をしているかわかっていない。ただ操られているのである。

歴史家は、二十世紀の恐怖の時代から、人間は夢遊病者のように大惨事に向かって歩いて行くという教訓を学んだ。クリストファー・クラークの著書『夢遊病者たち――第一次世界大戦はいかにして始まったか』(小原淳訳、みすず書房、二〇一七年)は、第一次世界大戦の勃発という、近代に起きた意図せざる大惨事について書かれた最も信頼できる一冊である。[18] 誰も予想していなかった。誰にも止める術がなかった。前もって計画されていたわけでもない。偶発的な選択が、特殊な状況と相俟って、あとから考えると致命的としか言えない判断ミスに繋がったのである。当時の政治家は催眠状態に陥っているかのように、システムの命じるままに行動したのではなかった。目は覚ましていたが何も見えておらず、精力的だが場当たり的で、大局観を欠いていたのである。まるで賭博師のように、自分の手に負えないことが明らかな大惨事に夢遊病然としてふらふらと引き寄せられていった。

この恐怖の物語は現代の政治でも繰り返されている。禍を避けることはできない。アメリカと北朝鮮が戦争になれば、その原因は、リスクを認識できなかった主要関係者にある。致命的なミスは、災害が起きてはじめてそれと気づくものなのである。

また、相互接続に対する恐れが、全く逆の結果をもたらすこともある。現代の多くの政治家は、眠っているどころか、後戻りできないミスを犯さないように注意を怠らない。何より、自分が抱えているリスクをよく理解している。最大のリスクは機械が円滑に稼働しなくなることであるとわかっているので、可能な限り慎重に、一歩ずつ進む。彼らは夢遊病ではない。綱渡りをしているのだ。

ただ眠っているのであれば問題を解決することは簡単である。夢遊病者を起こしてはいけないと言われるが、よろよろと災害に向かっている時には適当でない。当然、起こすのだ！　夢遊病者を驚かせるリスクなど、周囲に全く注意をしていないリスクと比べれば些細なものである。乱暴にたたき起こすべきだろう。しかし、綱渡りをしている時にたたき起こすのは止めた方がよい。急に動いてはならない。また、足の運びを誤ってはならない。冷静さが求められる。綱渡りでは、一歩ずつ進むのである。

夢遊病と綱渡りはどちらも現代民主主義の特徴と言える。つまり、注意深さと不注意の二つの性質を併せ持つのである。

二〇〇八年に金融危機が発生する前の政治家と中央銀行は、まるで居眠りしているかのようだった。大局観を持とうとせず、システムのリスクが膨らんでいることに気づこうともしなかった。ぼんやりした勝負師のように、次の一手を考えていなかったのである。今はそうではない。金融危機以降は、システムの運営に責任ある人は綱渡りをするように行動している。彼らの打ち出した金融緩和と低金利政策は非常に危険だ。それが長期的にどのような結果をもたらすか誰にもわからない。歴史に先例がないのである。しかし、中央銀行も政治家もリスクを認識していないのではない。危険であることは承知している。だからこそ、道を誤らないように注意している。前を向いて、下を見ないようにして、慎重に歩いているのだ。

ギリシャ危機でバルファキスが提案した対策は、こうした政策運営の琴線に触れるものだった。

バルファキスは、欧州に忍び寄る危機に警鐘を鳴らそうとした。しかし、EU、ECB、ドイツ政府は居眠りをしていたのではない。みな目を覚ましており、彼らにとってバルファキスの騒々しく荒っぽい提案は、慎重に維持されているシステムの均衡を崩しかねないものだった。

お互いに相手が催眠状態にあるかのように対応した。バルファキスは、トロイカ陣営は夢遊病者であり、悲惨な状況がそこまで近づいていることに気づいていないと思っていた。トロイカ陣営は、バルファキスこそ何もわかっていない勝負師であり、何が問題か理解していないと考えていた。これは政治問題であり、両者とも不測の事態にどう対応するか頭を悩ませていた。どちらにも陰謀はなかった。それでも、催眠状態に陥った政治家は陰謀論を誘引した。あるはずのない陰謀論が何らかの意図の下に動き出した。後ろで糸を引く者がいたのである。

これが観衆型民主主義のリスクである。観衆は、やり過ぎるか、またはあまりやらないか、相矛盾する衝動の中で戦うのである。政治家が居眠りしていれば、「ブー!」と野次を飛ばし、次に何が起きるかを確かめることになる。しかし、政治家が目を覚ましており、怖くて下を見ることができずにいる時は、観衆の騒々しい野次に効果はないだろう。綱渡りをする人が観衆の声に刺激されることはない。彼らはそうしたことを無視するよう訓練されている。むしろ、周りの音が大きくなるほど集中し、深いトランス状態に入るのである。氷像のようにぴくりともせず、前に進むか後退するか逡巡する。その後どうなるだろうか? 観衆はより一層大声で叫ぶかもしれないし、諦めてその場を立ち去るかもしれない。

綱渡りには創造的な行為という面もある。二〇〇八年に公開された映画『マン・オン・ワイヤー』は、一九七四年夏の終わりに、ワールド・トレード・センターのツインタワー間で見せた、フィリップ・プティの綱渡りを編集したドキュメンタリー映画である。彼は自分の冒険を「ク、、、ーデタ、」と称していた。それは少数の協力者だけで秘密裡に計画され、必要な道具を準備して夜中にプティを建物に侵入させた。プティは地上四百メートルを超える上空で、ツインワタ一の間を八回行き来した。驚いた人々が下に集まり、後日、プティはその話し声や歓声が聞こえたと話している。この行為は記憶に残るものだ。私たちの胸を打つ理由の一つは、ツインタワーがもはや存在しないという事実にある。また、自発的に行われたことだということも大きい。プティのクーデタは、注意深いものでなく、不注意なものでもなかった。それは純粋な自己表現だったのである。

現代の民主主義は、何かを失ったという喪失感に囚われている。その一つが純粋な自己表現である。私たちは自ら綱渡りをするわけではない。システムを運用する者が落ちまいとしているのである。観衆の声は綱渡りにとって重要ではない。正面を向き、背筋を伸ばし、前に進むことがリスクなのである。綱渡りで両端を行き来することは重要でない。空中にとどまりつづけることこそが目的なのだ。

民主政治には危険を顧みない面もある。実際、人々は現状維持よりも、驚くような公約をする政治家に投票する傾向がある。そうしたパフォーマンスはわざとらしいだけで不毛だ。トランプは綱渡りをする愉快な大道芸人ではない。彼は夢遊病者であり、また勝負師なのである。人が綱から落ちても気にも留めない。彼が綱渡りをする理由は次のどちらかだろう。下にセーフティネットがあるか、ぺてんであるかだ。

同じように、私たちはディストピアという考えにも囚われている。それもまた、人々に鎮静作用をもたらすからである。『ザ・ロード』を読んで心を動かされない者はいないだろう。名のない父親と息子が僅かな希望を持って荒れ果てた世界を彷徨う様は、生命の儚さ、人間の意思の強さ、行く手に待ち受ける恐怖を私たちに訴える。多くの読者がこの本に心乱し、何かしなければという衝動に駆られたという。親は夜中に子どもを起こし、自分がどれほど愛しているかを伝え、それから安心して眠った。最悪の状況を想像した後に、不思議と人は落ち着くのである。しかし、それは政治的な力ではない。『ザ・ロード』が、政治的行動を活性化することはない。これは夢遊病者と綱渡り師の世界での、奇妙に心安まる寓話なのだ。

第三章　テクノロジーによる乗っ取り！

アル・ゴアがインターネットを発明したと言えば、人々は一笑に付すだろう。それはそうだ。ゴアではない、マハートマ・ガンディーが発明したのである。

フォースターの「機械は止まる」は一九〇九年十一月、オックスフォード・アンド・ケンブリッジレビュー誌に掲載された。当時、ガンディーは南アフリカに住む駆け出しの弁護士で、公民権を求める運動に参加していた。彼は同じ十一月、ロンドンから帰る船上でこの作品を読んだと思われる（同誌は船の図書室にあり、長い船旅で時間を持てあましていた乗船者はおそらく全員、この作品を読んだだろう）。ガンディーは直ちに影響を受けた。船での多くの時間、彼はイギリスからの独立を宣言する『ヒンド・スワラージ』を執筆することに費やした。フォースターの描いた、ネットワークで繋がれた不気味な未来は、西欧文明がどこに向かっているのか、なぜインドが独立しなければならないのかをガンディーに考えさせる動機となったのである。

ガンディーは『ヒンド・スワラージ』でAmazon、Uber、HelloFreshが到来する時代について予言的に述べている。また、フォースターにならうように、技術が社会をどこへ導くかについて嘆くのだ。

人間は手足を使わなくてすみます。一つのボタンを押せば身に着ける衣服が出てきます。もう一つのボタンを押せば新聞が出てきます。第三のボタンを押せば自動車が用意されていますし、いつも珍しい食事があります。手足をつかわなくてもすみますし、すべて機械がやってくれます。(1)

ガンディーは、人工的な楽しみや快適さにますます依存していくことは、文明の失敗だと考えた。一方、『ヒンド・スワラージ』で、「これが文明の頂点とされている」とも書いている。

ガンディーは、多くのことが誤った原因は代議制民主主義にあるとした。選ばれた政治家が自分たちを代表して意思決定する政治システムでは、人工的な世界から脱することはできないだろう。どうして脱することができるだろうか？　代議制民主主義は全く以て人為的な創造物なのだ。そのシステムの下で、人は機械／機構に隷属する。政党という機械、官僚制という機械、お金という機械を通じて機能する存在になる。人々は政治的運命に対して受け身にならざるを得ない。ボタンを押せば政府が対応してくれると期待する。それでは失望するのも当然だ。そこで得られるのは安っぽい公約と実現可能性のない真っ赤な嘘なのである。

ガンディーが理想としていたのは、機械が介在しない、相手と直接顔を合わせる古代の政治であった。彼は、インドが独立を果たし、村落共同体を中心に、伝統的な「自治」（スワラージ）によって民主主義が形成されれば実現が可能だと考えていたのである。インドは一九四七年に独立したが、ガンディーが思い描いていた民主主義は実現しなかった。ガンディーは現在でも国の象徴としての地位を保持しているが、民主主義はどこにでも見られる人工的な制度である。政党という機械、官僚制という機械、お金という機械が支配している。ガンディーは百年前に、ボタンを押す人々のためにボタンを押す人々によって統治される社会から救おうと考えたが、逆に支配されることになった。勝利したのは機械だったのである。

ガンディーが政治に求めたことは、二十一世紀の人々にとってあまりに厳しすぎた。彼は、人々が現代医療、弁護士、機械による輸送、人工的なコミュニケーションに依存することを断ちたかったのだ。ガンディーは、旅をするのであれば、自分の足で行けるところまでよく、会話は、声が届く範囲ですればよいと考えていた。しかし、そうした生活をすることはできない。他方、政治の見通しについては、彼は正しかった。現代の民主主義は高度に機械的で優れて人工的になっている。管理しようとしている複雑なシステムを代替することは不可能だ。ただ模倣し、さらに複雑に、そして人工的になっていく。

その一方、私たちは常に機械が止まったらどうなるのかという恐怖と背中合わせである。この点、ガンディーは明快だった。機械が止まらなければどうなる？　私たちはどこに向かうのか？　ガンディーはデジタル技術について、あり得ない未来を予言した。それでも、多くの技術者の見立てよりはましだったのである。歴史学者であるデイヴィッド・エドガートンは、「古きものの逆襲」が存在すると指摘する。この現象は、さまざまな技術革新に見られるものであり、デジタル技術も例外ではない。私たちが思うほど技術変化のスピードは速くないのである。[2] ほとんどのものは旧態依然として変わらない。技術革新はまれにしか起こらないのだ。自動運転車の時代になっても、自転車は数多く走っている。技術革新の速さは誇張される傾向があり、それは特に、技術革新によって利益を享受する人たちに顕著である。彼らは今すぐにでも革新を起こしたいのだから。

私たちは長年の間、知能を持った機械の誕生を待ち望んできたが、実現にはまだ時間がかかりそうだ。AI研究者の間では、知的ロボットが開発されるにはあと二十年かかると考えられている。かつては、少なくとも五十年は先のことだと言われていた。AIの夜明けは常に、二十年ずつ後年にずらされているのである。民主主義がいずれ終わりを迎えるように、いつの日か知的ロボットが誕生する。そして、それは突然起こる。だが、今ではない。まだ先になるだろう。技術は急速に進歩しているが、思い描いていた輝かしい未来にそれほど近づいたわけではない。確かに、コンピュータは二十年前には想像できなかった、人間をはるかに超える能力を備えるようになった。それでも、人間のように思考することはできないのだ。

実現することのないAI革命を待つことは、転位行動そのものであるのかもしれない。私たちは知的ロボットの時代が到来することを懸念しているが、実は知能を持たない機械がすでに多くの役割を果たすようになっている。機械には自発的に考える能力こそないが、私たちの代わりに考えさせることは可能である。これまで人間がしてきたことは、知能を持たない機械にもできるのである。仕事のプロセスや方法などをプログラムすれば代替することは可能なのだ。

知能は持たないが、超効率的な機械は現代の民主社会ですでに多くの仕事をするようになっている。政党の選挙活動は、大量のデータベースに支えられている。政府は医療など公共サービスを提供する上で、ビッグデータを積極的に活用するようになった。こうした機械が人間を支配しようと考えることはない。コンピュータには自由意志を持って自発的に考える機能はない。機械は使用人ですらなく、言ってみれば奴隷である。人間が機械を動かすのだ。だが、過去二千年以上にわたり、政治学者は、奴隷制度はその主人に悪影響を及ぼすと警鐘を鳴らしてきた。望むことが容易に叶うようになると、人は次第に考えることをしなくなり、気まぐれや思いつきに流されていく。

知能を持たない機械の性能が向上し、便利さが増すと、人間はより一層機械に依存するようになる。これが知能を持たない機械のもたらすリスクである。コンピュータは人間には到底扱いきれない膨大なデータを処理し、分析し、その過程で学習していく。これは知的な洞察とは言えない。深い分析ではなく、微妙なニュアンスを反映することもない。また、共鳴を呼ぶこともない。しかし、機械学習を利用することで、人間が運転する以上に安心、安全な自動運転車の開発が実現したこともまた事実である。自分が欲しいものを、グーグルが先に提示してくれるのも機械学習の成果である。機械は無自覚ではあるが、人間よりも上手な社会の道先案内人なのだ。

この延長線上に、ディストピア的な未来を想像することは難しいことではない。考える能力はないが、非常に強力かつ高度化した機械に労働させることは、人間の思考力を怠けさせ、堕落させる。自動車が人間を操作する、Fitbit〔身につけるだけで、日々の歩数、消費カロリー、睡眠状況などを記録し、健康に関するアドバイスを与えてくれる小さな歩数計〕が人間をモニタリングする、ポリボット〔サービスのプライバシーポリシーに関するあらゆる質問に答えるシステム〕が私たちの代わりに意思決定するようになる。難しい判断はすべて、機械に委ね、高速処理させればよいのではないか？　楽になるために私たちは意図的にそうするかもしれない。あるいは、意図せずとも機械への依存に歯止めがかからなければ自然とそうなるだろう。すでにその兆候は表れている。内容のないメールのやり取りに何時間も費やすのは、コンピュータに指図されているからではない。単に止められないからである。その呪縛から解放されるのは、よりアクセスしやすく、簡便な技術ができた時だ。そして、今度はその技術に夢中になるだろう。労せずして手に入る便利さは、それ自体有害なのである。

この悪夢のような状況を政治に置き換えて考えると、技術に依存し過ぎる結果、利用され、搾取されることになる。だが、殺人ロボットに隷属させられるわけではない。自分の利益のために機械を利用する能力のある、非情な人間によって隷属させられるのである。技術に依存する世界では、技術に精通した政治の運用者が王なのだ。これこそが現代の西欧民主主義につきまとう恐怖であり、この章の後半で改めて触れてみたい。この兆候は、フェイクニュースとマイクロターゲティングが、有権者に関する情報を機械で詳細に分析し、個人の選好を方向づけるようなメッセージを発信することに顕著である。コンピュータには人間にボタンを押すように仕向ける力があり、コンピュータの使い方を誤れば民主主義が終焉する事態を招く。

しかし、未来がディストピアになるとは限らず、この章は最悪のシナリオをテーマにしているのでもない。機械は単に機械でしかない。よからぬことを企む人はいるが、ほとんどの人は善良である。現代に生きる人のほとんどは、ガンディーの提唱するような禁欲的な善き生き方をすることができないが、それで失敗というわけではない。私たちは技術によって世界をよりよく知ることができる。便利さと快適さを軽んじるべきではないが、それが民主主義を効率的にすることもない。

結局、知能を持たないが極めて強力な機械は、主人である人間に支配されているわけではなく、したがって奴隷ではない。人間を物のように扱えば堕落していることになるが、機械を使用することはそれとは違う。機械はつまり、物であり、人間がどのように使おうと問題はないのだ。

では、民主主義を破壊するためでなく、改善するために機械を利用してはどうだろうか？　現在の政治体制が解決できない困難に直面している時、機械学習を頼むことは災厄でなく、救済の手段となり得る。機械は感情に左右されず、事実に即した対策を客観的に提示してくれる。それこそ、今必要とされていることかもしれない。民主主義はあまりにぶれやすい。人は、何であれ問題を二者択一で考えがちだ。しかし、機械はそうではない。事実から客観的に解答を導き出すのである。

新しい技術の問題解決能力は、多くの分野に役立てられている。人間の医者よりも的確に診断するコンピュータもある。それは、コンピュータが診断に関係する膨大な情報に容易にアクセスできるためである。だからと言って医者が仕事を失うことはない。逆に、医者のレベルを上げるかもしれない。機械は技術的な問題を解決し、人間の医者は知的かつ親身になって説明し、患者に寄り添うのである。コンピュータが思いやりを持つようになるのは、まだ先のことである（ただし、二十年後には可能だとするＡＩ専門家もいる）。同じことは政治についても言える。機械が問題を解決し、政治家はその解決策の意味するところを説明する。そうなれば民主主義はもっとよくなるだろう。

こうしたことが起きるには、条件が整うことが必要になる。機械から、そして機械を運用する者の手から、政治の実権を取り戻さなければならない。そうでなければ、人間は機械を使って解決策を導き出すのではなく、機械が対処できる範囲でしか物事を考えなくなるリスクがある。技術が私たちの未来を決定するのではない。だが、気をつけていなければそうなるだろう。

ユートピアが夢の世界であるように、ディストピアは悪夢である。どちらも架空のものだ。しかし現実に、知能を持たないが強力な機械が世の中の至る所に存在する。私たちの世界がそうなってから随分長い年月が経つ。それが現代の世界である。現代政治にとって、機械との共存は常に重要な命題なのだ。

西欧民主主義が機械／機構に支配されると予言したのは、ガンディーだけではない。その時代に、ドイツの偉大な社会学者であるマックス・ウェーバーもまた、同じことを考えていた。ただし、ウェーバーはそれに抗うことはできないと考えていた点で二人の見解は違っていた。彼は近代民主主義が機械的になるのはやむを得ないと認識していたのである。政党は「機械／機構」であり、権力を手に入れるために日々の厳しい戦いに耐え、勝利するように設計された魂を持たない創造物なのだ。官僚制は〔それを閉じ込める〕「鉄格子」である。ガンディーとは異なり、ウェーバーは社会が機能するためには、巨大で機械的な仕組みが必要だと考えた。その結果、民主政治は奇妙によそよそしいビジネスとなった。私たちの声を反映させる制度である一方、私たちを機械の歯車の一つにしたのである。ウェーバーによれば、それは現代社会の条件だった。

ウェーバーとガンディーの時代から遡ること百年、哲学者であり民主的改革者であったジェレミ・ベンサムが同じことを書いており、それでは「計算機だ」と批判され、嘲笑された。彼は政治を、幸福を測るための計算手順《アルゴリズム》／処理手順に還元しようと考えたのである。どのレバーを引けばよいかを知りたかったのだ。ベンサムは決して冷徹ではなかった。彼は政治をよくしたいと熱望していた。悲惨にならず、裁量によらず、一人ひとりの持つ差異に寛容になるような制度、すなわち、より民主的になることを望んでいたのである。しかし他方で、偏見や先入観を排除するた

めに定式化せざるを得なかった。政治を人間味のある制度とするには、非人間的にするところからはじめざるを得ないとの考えに至ったのである。

さらに十七世紀半ばまで時間を遡ると、近代政治のイメージはロボットとして描かれる。

トマス・ホッブズは著書『リヴァイアサン』(一六五一年)で、国家は人間を模した存在として作られ、〔四肢が連動する〕「自動《オート》機械《メーション》」であると規定した[3]。このロボットとしての国家は、自ら考えることはせず、各部分が全体を構成した時に生命が与えられる。全体を正しく繋げることができれば合理的な社会となり、激しい不信が起きることはない。さらに、ホッブズは恐ろしい存在としてロボットを描いた。そうすることで、人間は慎重に行動するようになる。同時に、社会の安全を守る効果がある。社会にはあらゆる機械が存在する。ホッブズの描いたロボットは、人間のために人間を統治するのである。

国家は、それが支配しようとするものに基づいて作られなければならないとホッブズは考えた。人間を統治するためには、人間を模した機械でなければ機能しない。ただし、それは機械でなければならない。したがって人間の顔をしたロボットということになる。このロボットは、人間が本能に任せて間違いを犯すことを防いでくれる。人間だけでは政治的共同体は粉々に砕けてしまうだろう。これが、ホッブズが古代社会から得た教訓であった。人間が手ずから政治を行うと、最後には混乱状態に陥ってしまうのである。実際、古代国家はすべて崩壊した。純粋に人間だけで作られた国家が長く続くことはない。だが、近代的な機械にはそれが可能なのだ。

ただし、国家を自動機械にすることには二つのリスクが存在する。一つは、完全に統治するだけの力を持ち得ないことである。それ以外の、非情で効率的な、つまり人間らしさを持たない人工的な創造物であれば強大な力で統治することが可能だが、国家はそうはいかないのである。もう一つは、人間を規制する国家が、人間に似すぎることである。機械の統治する国家では、機械が基準になり、すべてが人工的になる。現代において本当に恐ろしいのは、国家という機械が人間に近づくことではない。人間が機械のようになることである。

ホッブズが最も恐れた機械は会社組織である。それが当たり前のようになっているが、会社組織とは実に奇妙で機械的な存在だ。ホッブズは会社組織もロボットだと考えていた。人間の役に立つように作られたが、会社はそれ自体、一個の生命体である。人間の集団によって人為的に作られ、人間の代わりに命令する。危険なのは、人間が会社組織を代弁するようになることである。

未来のＡＩ社会について恐れられていることの多くは、何世紀もの間、会社組織に対して懸念されてきたことと同じだ。会社組織は人工的に作られた怪物である。心を持たず、したがって意思もない。人間より長く存続することが可能だ。なかには、永遠に存在し続けるかに思われる会社組織もある。人間が破壊的な行動をしても、ロボットと同様に、会社組織が直接被害を受けるわけではない。二十世紀前半、ドイツは壊滅状態にあった。想像を絶するほど破壊し尽くされたが、何事もなかったかのように存続する会社組織もあった。十九世紀に設立された、アリアンツ、ダイムラー、ドイツ銀行、シーメンスといった巨大な会社組織は、人間の狂気の所業にまるで関係ないかのように、現在も巨大な存在である。

他方、会社組織は社会に必ず必要というものでもない。永遠に存続する会社がある一方、ほとんどの会社は短命である。瞬きするほどの間に会社が設立され、また、解散していく。だが、会社組織には心も感情もないので大した問題ではない。なかには貝のような会社組織もある。つまり、人間はまるで貝を養殖するように、考えなしに会社組織を作り出す。貝が自家繁殖するように、会社が会社を作り出していく。そうすることで、何が起きているかわからなくなる。ロボットの未来を考えた時、最悪のシナリオの一つは、ロボットが自己複製しはじめることだ。それが何をもたらすかはわかっている。会社組織の場合と同じである。

ホッブズは会社組織を統治するためには強力な人工の国家が必要だと考えた。その直観は正しかった。十八世紀より以前には、国家と会社組織は領土と覇権を競い合っていた。国家が優位になる保証はなく、実際、東インド会社は世界各地で国家を圧倒した。戦争を仕掛け、課税まで行ったのである。巨大な権力と富が、こうした活動を可能にしたのである。しかし、近代国家は権能が強くなり、特に過去二百年の間に民主主義が進展したことで存在感が増大した。東インド会社は一八五八年にイギリスに委譲された。さらに、二十世紀初頭にルーズベルトがトラストを規制し、アメリカの巨大企業による産業支配《モノポリー・パワー》を解体したことが、民主主義国家という新たな存在を内外に強く印象づけた。だが、それはルーズベルトが行ったのではない。ルーズベルトの顔をしたアメリカ政治という巨大な機械／機構の功績なのである。これは現実世界におけるリヴァイアサンの出現であった。

実際、ウェーバーは正しかった。現代民主主義は機械化から逃れることはできない。その意味では、ガンディーが思い描いたのは理想郷に過ぎない。しかし、民主主義という機械は人工的な世界を人間らしいものにすることができる。民主政治は長年の間、それを目指してきたわけだが、現在までのところ、その公約が達成されたとは言えない。

二十一世紀の民主主義に対する典型的な不満に、会社組織を制御できていないというものがある。巨大企業が富と権力を独占し、格差拡大の要因にもなっている。地球の資源を略奪し、汚染している。税金は支払わない。こうした批判は企業につきものであり、代表的なものは銀行と石油産業だ。しかし、銀行と石油産業はもはや世界最大の勢力ではない。産業界に地殻変動が起きた結果、その座に就いたのは、フェイスブック（Facebook）、グーグル（Google）、アップル（Apple）、アマゾン（Amazon）の巨大ＩＴ企業である。この四社は創業してから業歴が浅く、まだ若い会社だ。自分たちは社会に貢献する事業を展開していると信じており、国家の規制に慣れていない。また、国家もこうした怪物にどう対処すればよいかわからずにいる。

だが、巨大とは言え、所詮は会社である。アメリカはなぜ、二十世紀の初めにスタンダード・オイルを分割したように、グーグルとフェイスブックを規制しないのか？　確かに、マーク・ザッカーバーグは気が遠くなるほどの金持ちだ。だが、ジョン・Ｄ・ロックフェラーに至っては人類で最も巨額の富を所有したと言われていた。そのロックフェラーでも、会社を存続させることは叶わなかった。すべての会社には電源を入れるスイッチがある。そして、国家は電源の切り方を知っている。または、少なくともかつては知っていたのである。

どれだけ富があり、強大であっても、国家の支援がなければ会社は存続できない。会社は法に基づいて設立され、国家のルールや規制の網の下で管理される。規制が複雑になるほど規制当局の負担は重くなる。他方、会社は少しでも負担を軽減できる管轄下に拠点を置こうと画策する。さらに、競合国やＥＵといった他の組織によって課された規制が規制当局の負担を増大させる。しかし、会社を統治することは不可能なことではない。だが、それには政治的意思が必要になる。近代国家が機械化し、複雑さを増したことで、政治的意思がわかりにくくなり、見つけ出すのは容易でない。それでも、政治的意思は存在するのだ。

かつて民主主義国には会社組織を統治する意思があった。今再びそうした意思を持つことができるだろうか？　多分できるだろう。しかし、過去にそうだったから今もできると考えることは、デジタル化時代には通用しないかもしれない。会社という巨獣は、政治を動かすだけの影響力を持つ。アメリカ最高裁が二〇一〇年、シチズンズ・ユナイテッドの判決で、個人と同じように会社にも言論の自由が保障されるとしたことは決定的だ。この判決は、政治的影響力を得るための会社による政治献金の制限を事実上撤廃したのである。怪物を相手に勝つには、より強い力が必要になる。

グーグルとフェイスブックは、スタンダード・オイルとは別のタイプの怪物である。どちらの影響力も極めて広範囲に及ぶ。ある特定の商品を独占するのではない。多くのものをまとめて独占しているのだ。私たちは日常生活に必要なものを、彼らの商品とプラットフォームに依存することで生活上のコミュニケーションが成り立っているのである。それと同時に、彼らは人々が見聞きするものを作り出すことで、そこで交わされるコミュニケーションに影響を与える。ザッカーバーグは個人主義者であり、かつメディア界の大物である。ロックフェラーとウィリアム・ハーストを合体させたような人物だ。デジタルの印刷機だけでなく、デジタルの油井も持つ市民ケーンなのである。

それでも、彼の力がいつまでもつづくという保証はない。会社は生まれては消え、栄枯盛衰を繰り返す。だが現状、フェイスブックは巨大な存在である。エコノミスト誌が、同社の強大さをイラストにして表紙を飾ろうとしたが、比肩するだけの権能を持つモチーフを見つけるには時代をはるかに遡らなければならず、結局、指一本動かすだけで人々の運命を決定したローマ皇帝の姿をしたザッカーバーグを描くことになった。彼はまた、神と同等の力を持つ者として、エジプトのファラオとも並び称される。それが事実であれば、心配することはないだろう。古代の支配者の持つ神的権威は幻想に過ぎなかったことがわかっている。ファラオは機械のように効率的な近代国家には到底及ぶところではない。二十一世紀の今でも、神と崇められる皇帝というものは意外と脆いものだ。だが、もしフェイスブックがリヴァイアサンになれば、それは本当の脅威である。

ホッブズの描く国家の図をもう一度見てみよう。これを現代に置き換えれば、フェイスブックの姿になるかもしれない。頭がザッカーバーグになる。彼は皇帝ではない。人間が作り出した、多くの会社を支配する統治者である。人々はフェイスブックに力を与えたが、一方、一人ひとりが持つ力は微々たるものだ。その見返りに自由を手に入れるのである。ホッブズの描いた国家も同様だった。ホッブズは市民が創り出した怪物の支配権を彼らに与えなかった。人工的な存在に市民の生殺与奪を委ねることで、彼らの共存が保障された。つまり、政治的統治と個人の自由を交換したのである。

時間が経つにつれて、人々はその交換に不満を感じるようになった。多くの人は統治を欲した。

特に、民主主義を求めるようになった。政治的な仕事を差配できる力、または、少なくとも統治する者を自分が望ましいと考える者に交替させる力は持ちたいと考えた。近代国家では、人間は支配される立場から一転、意思決定への関与を強めている。フェイスブックにも同じようなことが起こり、徐々に民主化する可能性がある。フェイスブックのユーザーになると、フェイスブックの方針決定にも参画するようになるかもしれない。歴史は、人間がリヴァイアサンを管理し得ることを証明している。

しかし、歴史の教訓が一つであるとは限らない。リヴァイアサンが現在の民主主義のように発展するまで三百年かかっている。フェイスブックといった会社にとって三百年は永遠と言える。三十年でも長いだろう。そこまで待たずにフェイスブックを管理するには、国家権力を行使する必要がある。それこそ、人間が統治する機械を作った理由なのだ。人間とフェイスブックの対立という構図にしてはならない。リヴァイアサン対リヴァイアサンでなければならないのである。

どちらの巨人が勝利するだろうか？　同じ土俵での戦いとは言えない。ホッブズのリヴァイアサンは剣を持つが、フェイスブックにはない。暴力や脅迫によって服従を強いることはできないのだ。ザッカーバーグの生んだ怪物はスマートフォンを手にしている。力の源泉は相互に繋がることにあるが、これは強制ではない。習慣づけ、納得させ、楽しませることを通じて支配するのである。現代の人々は、国家を捨てる選択をすることはできない。ホッブズは国家を脱出するという選択肢を設けなかった。だが、フェイスブックではユーザーはいつでも解約することができる。フェイスブックの力は、その選択肢を行使させないことにかかっている。ザッカーバーグは、他に行き場がないと人々に思わせなければならないのである。

ザッカーバーグの広範な影響力は、人々を引き込み、ネットワークを形成することで生み出される。既に多くの人がフェイスブックを利用していることで、さらに新しいユーザーが集まる。ユーザーが増えるほどネットワークに参加する価値は高くなる。人々のコミュニケーションツールとしてフェイスブックが利用されるようになれば、その繋がりを維持するためにフェイスブックに繋がる人が増えていく。これは暴力による強制とは違う。累積する数字がそうさせるのだ。また、人々を惹きつける新興ネットワーク会社が現れると、フェイスブックが買収する（Instagram、WhatsApp などが好例である）。こうしてフェイスブックは巨大化し、それに伴いバーゲニングパワーが増し、のみならず、その領域で新規参入するハードルはますます高くなるのである。

つまり、フェイスブックは剣こそ持たないが、その代わりになる武器を持っていたのだ。リヴァイアサンの図が表すのは、空高く身を乗り出した巨人が国を覆う様子だけではない。そこは都市と一体化し、人々が住む場所となっている。

巨人対巨人という戦いになれば、国家権力が勝利するだろう。国家には軍部のほかに警察や司法制度がある。通貨監督権という強力な武器もある。ホッブズは、国家の主要な権能の一つは通貨を創造する力だと考えた。それを破棄することは政治的統治権の放棄だというのは真理だ。国家が通貨に関する権限を中央銀行に委ねるのは、外部からの影響を排除し、通貨価値を維持するためである。統治する対象である会社に委ねることは考えられない。

グーグルとフェイスブックは、独自の通貨を発行しない限り、アメリカ連邦準備制度を恐れることになるだろう。国家によって企業価値を維持してもらわなければならないからだ。そうでなければ、不確実性の中に身を置くことになる。技術者は、国家による統治から解放された地点に、ビットコインをはじめとするデジタル通貨の魅力を見出している。グーグルとフェイスブックはいずれ自社で通貨を発行するか、少なくとも価値を保持し、交換可能な貨幣類似の仕組みを持つ可能性がある。自前の軍を持つようになると考えるよりその方がはるかに現実的だ。だが、それはまだ二十年は先のことになるだろう。

これまで、国家が強大な力を持った巨大企業に勝利してきたのは、剣の力と通貨の力のおかげである。しかし、ネットワーク対ネットワークの戦いになれば、巨大ＩＴ企業にも勝機はある。フェイスブックは二十億人ものユーザーを抱え、規模の面でどの国家や帝国をも凌駕する。また、国家には真似できないほど人々の生活に入り込む。人々が経験したことなど情報を共有する場を提供することで、生活に影響を与えている。国家は時として軍部の力を利用して国民に強制する。だが、ソーシャルネットワークは、人々が日常的に見聞きする物事を通じて、より直接的に影響を及ぼすのだ。

それでも、アメリカという国家の政治的意思として、フェイスブックの解体を決定する可能性はある。国家にはその力がある。フェイスブックは会社であり、会社の電源を切ることは可能なのだ。しかし同時に、フェイスブックは巨大なソーシャルネットワークでもある。機械の電源を切ることはできるが、人々の生活の場を簡単に消すことはできない。

また、政治の世界にも古きものの逆襲は存在する。会社という新しい勢力が世界を変えたとしても、人間の慣れ親しんできた行動は変わらない。トランプは大統領選挙に勝利すると、シリコンバレーの有力会社のトップをトランプタワーに招集した。ほとんどの者が駆けつける中、ザッカーバーグは都合をつけることができず、代わりにCOOのシェリル・サンドバーグが出席した。グーグル、アップル、アマゾンのトップも出席した。故意に呼ばれなかった会社もあった。ツイッターのトップであるジャック・ドーシーには声がかからなかった。ツイッターはトランプのメガホンだが、トランプは誰にも借りをつくらないのだ。

トランプは、伝統的なヒエラルキーを形成することを目論んでいる。シリコンバレーの新興勢力はワシントンの既成勢力が望むべくもない広範な影響力を持っているが、会社のトップが大統領に指図できるわけもない。トランプを中心に、シリコンバレーの面々は彼の話を聞くよりなかった。上下関係は明らかなのだ。

ハイテク業界の巨人たちは散会した。この会合に意味などなかった。トランプ大統領のいつものショーだったのだ。彼が呼べばみなが集まることを誇示したかったのである。全く空疎だ。

トランプはヒエラルキーを重視する。人々が彼の言うことに従うかが重要なのである。だが、それは政治の一面に過ぎない。そこを気にすることがトランプを深みのない政治家にしている。

上下関係は、協働して目的を達成する水平関係によって補完されなければならない。トランプの失敗は水平関係を欠いていることである。それが、彼が物事を成し遂げることができない最大の理由だ。

民主的な政治家で成功している人は、人々を巻き込むことに長けている。ヒエラルキーはネットワークに補完される。リヴァイアサンは恐ろしい武器を持っていた。だが、民主主義国家は、ヒエラルキーにおけるトップダウンと社会的包摂の組み合わせで強さを発揮する。剣に効果があるのは唯一、国民が政府に行使の正当性を認める場合である。

近代国家と同じように、フェイスブックの力の源泉もヒエラルキーとネットワークである。むしろ、民主主義国家よりヒエラルキーが際立っている。ザッカーバーグと側近は圧倒的な権限を有している。それは、近代の政治組織というより中世の宮廷に近い。運営の手法はトップダウンである。また、ネットワークは世界中のどの国家よりも広範囲に及び、かつ包摂的だ。フェイスブックの参加者はどの民主主義国の人口よりも多い。フェイスブックは政策よりも多くのことを実現する。国家は人々に行政サービスを提供する。フェイスブックは生活を導く。国家は安全を保障する。フェイスブックは人々に身近な親しみを感じさせる。

フェイスブックの政治的な脆さは、ヒエラルキーとネットワークが分断されていることだ。トップダウン型の会社組織と、広範囲に張りめぐらされたソーシャルネットワークの性質は全く異なる。ザッカーバーグは王子であり、人々はさながらネットワークに繋がれた農奴である。

ザッカーバーグは「コミュニティ」の言語で話し、帝国をまとめている。彼は二〇一七年二月、ミッション・ステートメントで、「これから進歩するために必要なのは、人類が、都市や国家を超えてグローバルコミュニティとして一つになることだ」と宣言した。(4) それ自体は二十一世紀の起業家らしいものだったが、同時に、法王のようでもあった。彼は質問を受けたり、説明することを想定していないのである。

ザッカーバーグは、アメリカ合衆国大統領に指図することができるのだろうか？　答えはノーだ。フェイスブックの二十億人のユーザーは、アメリカの二億人の有権者より力があるのだろうか？　これもノーだ。しかし、フェイスブックがアメリカの民主主義を損なうことは可能か？という問いであれば、答えはイエスである。直接攻撃するわけではないが、それに近い。剣はスマートフォンを打ち砕くことができる。フェイスブックはリヴァイアサンと命を賭けた戦いをするのではない。しかし、現代民主主義の存立基盤が毀損される可能性はある。フェイスブックのヒエラルキーとネットワークを統合することはできないかもしれないが、それでも民主主義国家のヒエラルキーとネットワークを破壊する力があるのである。

デイヴ・エガーズの二〇一三年の著書『ザ・サークル』(吉田恭子訳、早川書房、二〇一四年)は、近未来の巨大ハイテク企業を描いた作品だ。(5)「サークル」と呼ばれるこの会社は、グーグルやフェイスブックのようであり、この二社を統合したようでもある。同社は世界中に張りめぐらされたネットワークで人々のあらゆる行動を結びつける。さらに、このプラットフォームで行動を公開し、評価することで、生活の価値を測ることを推奨する。他方、組織の内部は秘密主義で謎が多い。会社を運営している「賢者たち」と呼ばれる三人の創業者は、リーダーとして、強大な権限を保持している。世界はネットワークによって評価される。そして、賢者たちがネットワークをどのように利用するか決定するのである。

ザ・サークルはディストピア小説と言われるが、実際は風刺である。フェイスブックのように、誰もが自由に参加・交流できるユニバーサル・コミュニティを標榜するが、カルト教団のように排他的であり、奇妙なミスマッチが存在する。こうした会社は比較的少人数で運営されている。そこで働くことはスーパーエリートとされ、同社によって職住を統合される。グーグルでは、社員は、他に誰も住むことができないようなサンフランシスコの高級住宅街から、社員以外は立ち入ることのできないシリコンバレーのオフィスまで専用バスで移動するのである。

二〇一七年夏、一般的な社会生活とかけ離れた存在だと思われている状況を修正しようと、ザッカーバーグは、アメリカのユーザーの声を聞くツアーを敢行した。人々がどのような暮らしを送っているかを知ることが目的だった。一月に彼は、「自分の仕事は世界を繋げ、人々に声を与えることだ」と、そして、「今年はその人たちの声をもっと聞きたい」とフェイスブックに投稿している。(6)彼がアメリカの各地の片田舎の街々に行くと、事前に側近たちがレストランをチェックし、訪れる家族をチェックし、快適なロケーションとなるように準備しておくのだった。

だからこそ、彼はフェイスブックにノースダコタ州を褒めちぎる投稿を載せたのである。ある記者が、「彼はまるでクリストファー・コロンブスのように、そうした場所が存在することをはじめて知った様子だった」[7] と書いている。こうした地域を賛美する行脚をするのは、将来の大統領選出馬を見据えているからではないかと憶測された。

フェイスブックのミッション・ステートメントには、「人々にコミュニティを作る力を与え、世界を一つに」とある。エガーズの小説で描かれるデジタル版リヴァイアサンは、「サークルを《クローズ・》完成させろ《ザ・サークル》」という言葉を繰り返す。あらゆるものが相互に繋がることがゴールなのである。すべての人が繋がれば、排除されていると感じる人はいなくなる。そして同社の創業者のひとりは会議の場で、民主主義にたとえてこう言うのである。「みんな知っているように、このサークルでは、完全に参加すればすべてが共有される。私たちが尋ねれば、人々が何を求めているかがわかる……参加率は限りなく百パーセントに近くなる。これは完全なる民主主義だ」[8] と。そうなるには、全員がサークルのアカウントを持ち、生活におけるあらゆる取引を依存するようになり、サークルでの民主的な意思決定に参加しない者を排除する必要がある。欲しいものをこちらに伝えない者には何も与えてはならない。そうすれば世界中の人々が参加するようになる。そして、民主主義は専制的な会社へと変貌していくのだ。

フェイスブックのような会社が国家ほどうまく民主主義を「する」ことはない。言葉では包摂すると言いながら、実際には排他的であるというのは、露骨すぎるギャップである。エガーズが描いたのは、直接的な脅威ではなく、巻き添え被害を受けるリスクだ。サークルを完成させるという発想自体が馬鹿げている。しかし、代議制民主主義に対する不満が大きい時には魅力的に映る。現代民主主義は穴だらけで、多くの人が疎外されていると感じている。そうした人々の意見は尊重されず、彼らを代表する政治家は関心を持たない。現在のポピュリズムのうねりの根底にあるのは、この孤立しているという感情だ。ソーシャルメディアが現代民主主義を代替することはできないが、ギャップを埋める手段にはなり得る。

代議制民主主義は対応が遅く、しかも拙いという根深い不満がある。特に、オンラインがこちらの要求にすぐに応えてくれることと比較すればそれは明らかである。近代国家という機械はあまりに巨大で、反応が鈍すぎる。オンラインは迅速に対応してくれる。二十一世紀には、民主主義のチェック・アンド・バランス機能、官僚制や一連の手続きは煩雑すぎて扱い難い以外の何者でもない。

エガーズは『ザ・サークル』で、こうしたことに対する不満が法の執行にどう反映されるかを描いた。凶悪犯罪者が逃亡しても、官僚的な国家には捕まえることができない場合がある。犯人の特徴をオンライン上に載せ、関心ある市民がソーシャルネットワークを使ってどれほど早く犯人を見つけ出すことができるか試してみてはどうか？　エガーズは、子どもを殺害した犯人を探し出すのに、二千万人がオンラインで参加し、二十分で見つけ出してリンチを加える様子を描いた。画面に容疑者の顔が映し出されると、人々はその素性を瞬く間に特定し、隠れている場所を探し出すと、カメラを手にした人々が正義感を振りかざし、リアルに犯人に迫っていくのである。サークルの重役にとって、これこそが純粋な民主主義の実現なのだ。

純粋な民主主義というのは恐ろしい。群衆は、好ましからぬ人物と思えば簡単に攻撃するようになる。古代アテネでは、支持を失った人物は、民衆によって、追放されるか、殺害されたのである。アレクシ・ド・トクヴィルは一八三五年、アメリカの民主主義について書き記したが、そこでリンチに対する選好について同国の民主主義の起源に遡って分析した。彼は、多数派は怒りの感情を少数の弱者に向ける傾向があるとし、これを「多数者の専制」と呼んだ。代議制民主主義は長い歴史の中で、こうした暴力的な衝動を巧みに抑制してきたと言える。リンチはなくなった。また、上半身を裸にしてタールを塗り、羽毛を付けてさらし者にするタールの刑ももはや存在しない。追放したり、殺害する制度もない。ただしツイッターは別である。

オンライン上の魔女狩りは、リアルな魔女狩りではない。リンチはバーチャルなものだ。しかし、暴力は存在する。オンライン上で暴徒の被害に遭うと、回復困難な傷を負うことになる。これは物理的な痛みである。落ち込んだり、病気になることはもちろん、自殺に至る場合もある。ツイッターは、開拓時代のアメリカ西部《ワイルド・ウエスト》地方にたとえられる。だが、移り変わりが激しく、暴力的で、強い力を持つという点で古代の民主政に似ている。人々は気に入らない人を集団で攻撃する解放感を再発見したのだ。そうすることで気分は高揚するのかもしれないが、命を奪うこともある。

機械が介在しないどころか、オンライン上の集団的暴力はすべて機械を通じて行われる。それは非人間的な所業だと言える。古代民主政は、顔の見える関係の中で力を発揮した。群衆は暴力の生贄と直接対峙した。そのうち、外国に幽閉されている将軍に判決を申し渡す場合など、直接相対することがない方が相手を攻撃しやすいことに気がついた。ツイッターによる直接民主主義は、物理的な場所に制約されず、個人と面識がなくとも構わないとされる点でさらに危険である。

オンライン上の魔女狩りの中でも最悪だったものの一つに、ジャスティン・サッコの例がある。彼女はある企業の広報部長だったが、南アフリカ行きの航空機に搭乗する直前に、人種とＡＩＤＳについて冗談のつもりでツイッターに投稿したために、仕事も、友人も、社会的立場もすべて失ったのである（「アフリカに向かうところ。エイズにならないことを願う。冗談です。私は白人だから！」）(9)。世界中がこの内容に直ちに反応し、目的地に到着した時には、彼女は止むことのない非難や中傷、殺人の脅迫の嵐のただ中にいた。彼女は、ロンドンからケープタウンを安全に旅行しており、奇しくもガンディーが一世紀前にたどった道と同じだった。ガンディーは数週間、誰にも邪魔されることのない航海で考えを整理することができた。それよりは短いが、同じ道を行く空の旅の間、サッコも同じような時間になることを願ったかもしれない。そういう人は多いだろう。だが、社会から離れていた十時間の間に、彼女の人生は破滅したのである。

これが民主主義だと言うのは馬鹿げているように聞こえるかもしれない。しかし、民主主義に擬制されていることが脅威なのである。実際、ツイッターで政治を行うことは現実的ではない。それが民主主義に似ているのは、結果を気にすることなく自由に不満を爆発させることができる点くらいであろう。アメリカ大統領も自分の気分に任せて同じことをしている。この露骨な煽動行為は過去の直接民主主義と同じように見えるが、質が伴っていない。暴徒は一度発生すると大胆になり、そこに善意はない。普通の市民が標的にされる可能性もある。あるいは、著名な政治家が標的になるかもしれない。的外れな言動や不注意な仕草一つで、それまで積み上げてきた地位や仕事が台無しになるのは、誰にとっても恐怖である。例外は、アメリカ合衆国大統領だ。

政治家はどのように対応すればよいのだろうか？　エガーズは宥和的な解決策を一つ提示する。デジタル技術は、予めすべてを隠すことなく公開することで不満を抑制するという可能性を示した。ザ・サークルでは、臆病な政治家が首にデジタルカメラを装着し、何をしているか人々にすべてわかるようにオンラインに繋げた。それを見た他の政治家は当然、狂気の沙汰だと思うのだ。あらゆる行動が公開されている状態では、あとで何を言われるかわからないので本音を話せなくなる。これは間違いなく萎縮効果を生む。しかし、まともな政治家がそれは問題だと声を上げれば、今度はその人が標的にされるだろう。なぜ思っていることを言わないのか？　何を隠そうとしているのか？　すべてがガラス張りの世界では、隠された私的な面を持つ者は正常でないとされる。そして、数週間の内にすべての政治家が正直の証として首にカメラを着けられるのだ。

代議制民主主義は決して叶うことのないものを求めている。政治に感じるギャップを埋めようと、より正直に、迅速に対応し、完全であることを求めるのである。デジタル技術はそうした要求に拍車をかけた。もっと直接、政治家に自分の行動を説明させよう！　政治家が代表する人々に隠し事をするのを許すな！　何をしているかすべてを白日の下にさらそう！

　誰もが信頼できる政治家を求めている。政治家が何をしようとしているのか常時見張っておけば完全に信頼できるかもしれない。しかし、それは信頼ではない。それは監視であり、信頼の逆なのである。何が起きているかすべてわかるのであれば、信頼は必要なくなる。決して裏切らない人ならば、信頼はいらない。その相手は機械でも同じである。信頼というのは、一方で失望する可能性があるところに生まれる。言い換えれば、失望を排除するとは、誰も信頼しなくてよいことを意味する。だが、それは自滅につながる。

　また、そうしたことを求めるのは幻想でもある。すべてを知る者などいないのだ。政治家は必ず隠し事をする。人々が透明性を求めるほど、隠さなければならないことが増え、秘密主義にならざるを得なくなる。完全な透明性を求め続けるほど、安全な隠し場所の価値が高くなっていく。だが、見つかればただでは済まない。

　代議制民主主義ではサークルを完成させることはできない。サークルが完成するかは、政治家と人々の間に存在する隙間の大きさ次第である。政策決定とそれに対する人々の評価、すなわち政治的意思と国民による審判の間隙である。それはこれまで為してきたことを振り返り、熟慮する十分な時間があるか次第でもある。恐らく、失望することになるだろう。これは極めて不満がたまる作業である。しかし、この不満の故に、ネットワークとヒエラルキーがつかず離れずの距離を保ち、関係性を維持することが可能なのだ。フェイスブックにはこうした不満がない。

代議制民主主義には、サークルを水平に保とうと努めることしかできない。実際、それは不可能である。そして、それこそが重要なのだ。

代議制民主主義に対して、対応が遅いことに加えて、もう一つ、人工的だという不満がある。政党はその最たるものだ。ガンディーが指摘したように、政党は、人々が個々に思考することを止めさせるために作られた。政党が政治家に進むべき道を指し示す。政党が有権者に投票すべき政治家を伝える。有権者と政治家が直接対面しないよう間に入る。選挙に勝利するための道具にもなる。ベールに包まれており、官僚的である。政治をできうる限り機械的に機能させることが政党の使命なのである。

それにもかかわらず、政党は人工的な面を隠し、人間の顔をする。そして、カリスマ的政治指導者は、人々に対して、政党は正義、安全保障、自由のために闘うものであり、ただの集票機械ではないと訴える。他方、政党に所属する党員は、その仕組みに乗って生きてきたのである。うまくいっている政党ほど、帰属意識を持たせることに成功してきた。

だが、そうした日々は過去のものとなった。多くの政党で所属する党員が危機的なまでに減少している。イギリスの保守党は一九五〇年代には三百万人を擁したが、現在は十万人である。平均年齢も六十五歳を超えている。かつて政党に所属していた者は政治への関心は薄かった。社交クラブのようにダンスを踊ったり、ゴシップに興じたり、運がよければ将来の伴侶と出会うことができる場所くらいに思っていた。現在は、所属する者が少ないこともあり、政党に入る者はよほど政治的な関心が高いと思われる。デート相手を探しに来る変わり種はまれである。これも人工的と言われる所以だろう。政党は、所属する党員がいなければ、かつてそうであったように貝のようなものなのだ。

その一方、政党政治において党派性はより強くなっている。かつては緩やかな連合があったが、特定の論点に関して、執拗で不寛容な言動が目立つようになった。これは、特にアメリカの二大政党制で顕著である。共和党と民主党という巨大政党は伝統的に、それぞれ左派と右派の両方を抱え、意見が共通する点も多かった。それが、今や政党は有権者を陣営毎に細かく分断している。党内の中核メンバーが分裂を引き起こしているのである。それと同時に、有権者が他の政党の有権者に会うことすらまれになった。共和党員と民主党員は、特に、特定の政党に有利なように選挙区割されている地域では、同じ地区に住むことはない。お互いに交流することも、一緒にニュースを見ることもない。一九八〇年代には、自分の子どもに民主党員と結婚してほしくないと思っている共和党員の割合は五パーセントに過ぎなかったが、二〇一〇年にはその割合は四十九パーセントに上昇した。[10]

政党の主流派トップにカリスマ政治家が登場することもなくなった。ウェーバーは、政党という機械の目的は、真の政治家を事務的な仕事から解放することだと考えた。本物の政治指導者を、日々のルーティンワークの労苦から引き上げなければ、ビジョンを示すことはできないのである。その他大勢は目立つ必要はない。だが、今では、その他大勢と指導者の見分けがつかなくなっている。ほとんどの職業政治家は政治以外の仕事をせず、機械の中を上がっていくが、機械の上に立つことはない。

これが長期的衰退の物語である。そして、ソーシャルメディア革命はそれに拍車をかけた。オンライン上のコミュニティでは、さまざまな方法で帰属意識を持つことができる。多くの方法がある中で、社交の場としてあえて政治を選ぶ必要はない。すきま風の入る部屋で堅い椅子に座って長時間の会議に拘束される、戸別訪問する、選挙キャンペーンを組織するといった、伝統的な政党政治の苦役は、ソーシャルネットワークから得られる満足の前では色褪せる。同じことをオンライン上で、バーチャル会議や、スマートフォンを使った個別訪問という形で行うことも可能だ。これはクリック一つでできることのほんの一例に過ぎない。

伝統的な古き善き政党政治が不人気になっていく中、それでも政党に参加したいという人は珍しい。閉鎖的な活動になっているのである。オンライン上で政党政治家が批判や中傷を受けるのは、彼らが密室の住人であるためだ。相手の目を気にし、資金提供者に配慮する以外に、閉鎖的になる理由があるだろうか？　人々は政治家らしくない政治家を好む。人間らしさを求めているのだが、多くの政治家は機械《オートメーション》のようだ。デジタルの時代には、機械のような政党政治の特徴が災いになるのである。

これは、既存政党が、選挙でかつてなかったような苦戦を強いられていることに現れている。二〇一七年のフランス大統領選挙では、過去五十年以上にわたりフランス政治を支配してきた左派、右派の主要政党がいずれも決選投票に進むことができなかった。有権者は既成政党を過去の遺物とみなしたのである。社会党は存在感なく、ブノワ・アモン候補の得票率は僅か六パーセントだった。その後に行われた議会選挙でも、社会党は議席の十分の九を失った。オランダ、ギリシャ、イタリアでも主要政党が敗退を余儀なくされた。こうした潮流から、世界中の民主主義国で、既成の主要政党が選挙で翻弄されることになったのである。

対照的に、近年では自らを社会運動に転換させた政党が成功を収めている。二〇一七年のフランス大統領選挙では、前年に結成されたばかりの運動「前進《アン・マルシュ》！」の指導者であるマクロンが勝利した。彼は既成政党とは違うと懸命に訴えつづけた。それは、自らの意思で動き、斬新で、そして政治家でない普通の人々からなる。イギリスでは、労働党が自らを社会運動として再構築し、沈滞ムードにあった欧州各国の社会民主主義政党を活気づけた。党首選に投票するために入党するなど、党員は増加傾向にある。現在の党首であるジェレミー・コービンは、党員は下院議員のために存在するのではない、その逆だと繰り返し訴えている。

アメリカでは、トランプが共和党のエリートに対抗して独自の政治活動を展開し、大統領選挙に勝利した。民主党ではサンダースが同じように主流派に対抗しようとした。インドでは、モディが政党だけでなく個人にも働きかけて運動を起こしている。トルコのエルドアンも同様だ。政治の最前線にいるのはポピュリストである。だが、こうしたうねりはポピュリストにとどまらず、社会に広く波及しているのだ。マクロンは、こうした運動に乗って欧州をポピュリストの惨状から救う救世主として支持を集め、大統領選挙で極右政党・国民戦線のマリーヌ・ルペン候補を退けた。ルペンの戦略は裏目に出る格好になった。彼女の活動は徐々に普通の政党のようになっていったのである。

ここで成否を分けたのはネットワーク効果の力だった。人は、他の人々が参加しているのを見ると参加する。動きの中に身を置きたいのだ。政治活動は有権者を引き込むためにソーシャルメディアを利用する。その方が伝統的な政党政治より効果が大きい上に、即時かつ直接的に政治活動に関与することを可能にする。現時点で、デジタル時代の代議制民主主義に最も適合しているのはネットワーク効果なのである。

しかし、適合することと、それを管理することは別だ。社会運動というものは、利用しているつもりで逆に利用されているリスクがある。前進！　はフェイスブックを利用しただけではない。それと同じようになってもいる。ネットワークは広く横に展開するが、ヒエラルキーは垂直だ。そこでは、マクロンはトップとして超然としている。マクロンは自らをローマ神話の神々の王、ユピテルに比す。大統領就任後、側近をヴェルサイユ宮殿に招き、シャルル・ドゴールと絶対王政のルイ十四世の中間的な存在として演出した。だが、本当はザッカーバーグに似ている。コミュニティの言語で話をする一方、個人で強大な権威を保持している。伝統的な政党の仕組みではないため、この両者を架橋させる手段を見出すことに苦慮している。

同じように、コービンを党首とするイギリス労働党も、フェイスブックなどソーシャルネットワークを通じてメッセージを伝えることに取り組んでいる。政党が直接関与しなくとも、メッセージは広がる。党の広報サイトを見ると、報告なのか、釣り広告なのか、主張であるのかの線引きが曖昧になっている。同時に、政党には直接民主主義と個人崇拝が奇妙に混在する状況がある。党員が指示を出す。だが、指導者は間違えることが許されない。その板挟みに遭う者が苦しむのだ。

自分とは異なる意見に悪意を持って中傷するなど、現代の政治運動は不寛容であり、その原因はオンラインの集団思考にあると指摘されることが多い。これはデジタル時代のあらゆる運動に共通する構造的な問題である。現代政治では、調整弁としての政党の役割が否定された結果、閉塞した状況を打破する手段がなくなった。その役割は政党が担っていたのだ。

政治学者であり歴史学者でもあるマーク・リラは、近年、政党について「妥協によって合意形成する機械」と述べている。[11] 多くの論者が指摘するように、リラもまた、アイデンティティ・ポリティクスが現在の政党の惨状を招いた元凶だとする。政治過程で何がもたらされたかよりも、政治的経験の純粋さがますます重視されるようになった。オンライン上で多くの人と共有する経験が真実のように思える一方、機械政治の欺瞞に人々が辟易しているのは確かだ。みなが本当の経験を求めているが、それも機械を通じて経験していることだということを忘れている。

政治運動と異なり、政党は民主的であろうと企図するものではない。政党は代議制民主主義を一つにまとめる接着剤なのだ。民主主義が政党なしで機能するかは定かでない。現在は、ネットワーク、指導者、群衆、選挙、アイデンティティ、そして暴徒が、それぞれパーツとして残されている状態である。

ソーシャルネットワークは、代議制民主主義を偽物《フェイク》であるかのように見せる。オンライン上に偽造された民主主義の方が本物のようだ。代替する方法がないのに壊してしまったのである。残像で代替する以外にない。機械は破壊されたが、最後に勝利したのは機械なのである。

民主政治が公約したインターネット革命はどうなったのだろうか？　かつてデジタルテクノロジーは世界を変えると思われた。民主政治というサークルを完成しないまでも、政治家の責任を問う新たな手段になると期待されたのである。近代国家は国民を常に監視する。だが、今やテクノロジーは、反対に国民が国家を監視する手段となっている。完全な透明性でなくとも、立場を逆にするだけでよかった。利益を享受するのは民主主義という制度なのである。

ホッブズがリヴァイアサンを思いついたのは、多くの目を持ち、決して眠らないアルゴス・パノプテースというギリシャ神話の怪物がヒントになったと言われる。政治的な問題は、思いがけない場所で発生する。そこでホッブズは、完全な安全を確保するため、すべてを見通す目を持つ国家としたのである。ベンサムも同じように考えた。ただし、ベンサムが作ったのはパノプティコンという、監視者が収容者のすべてを見ることができるように円形に造られた刑務所だった。

アメリカ国家安全保障局（ＮＳＡ）の広範な監視システムを内部告発したエドワード・スノーデンのニックネームは奇しくも「パノプティコン」だった。ベンサムがこの刑務所を考案したのは、受刑者が刑務所内で共謀することがないようにするためだった。監視者がすべての会話を聞くことは不可能なので、誰と誰が会っているのか常時見ることができるように設計したのである。ＮＳＡは、コミュニケーションのメタデータを分析するためで、個人的な会話を聞くことはないと抗弁した。つまり、誰が誰に連絡したかを単に記録するだけであり、その意味でスノーデンのニックネームは言い得て妙だったと言える。

代議制民主主義は、監視というゲームなのである。有権者は、政治家に委ねた権力が濫用されないように監視する。政治家も、有権者が限度を超えて自由を振りかざすことのないように監視する。近代民主主義の歴史では、政治家が常に優位だった。政治家は指示するだけで国家という精密機械を使って国民を監視することが可能である。しかし、国民は自ら監視しなければならない。国家は最新のテクノロジーを利用して常に先を行く。国民が電話を持っていれば盗聴し、テレビを持っていれば映像監視システム（ＣＣＴＶ）を使う。国民がテレビを見ている時、国家はテレビ画面から国民を監視してきたのである。そこにデジタル革命が起きた。

インターネット時代の幕開けとともに、この関係は一気に逆転し、アドバンテージは国民にシフトした。ネットワーク技術は情報を開放した。今や情報は無制限にアクセスすることが可能になり、しかも無料になった。リヴァイアサンのすべてが露わにされた。国民は自由にリヴァイアサンの情報を入手し、秘密を見ることができるようになった。他方、国民は広大なサイバースペースに情報を隠すことが可能になった。

二十世紀終わりは、革命につきものの高揚感と、民主主義の勝利の次に来るのはインターネットの時代だという期待感に満ちていた。独裁政治は崩壊し、密室での政治は明るみ出される。情報は、それまで貯め込まれていた場所から必要なところに提供されるようになり、人々は政治家の真実の姿を知ることができるようになるだろう。

ここでついに、市民が監視ゲームで優位に立つのだ。

だが、そうならなかった。誤算だったのは、政治において情報を常に秘密にしようとする衝動は想像以上に強かったことである。新しい情報がどれほど重要であっても、その情報を探り出す欲求がなければ意味はない。人間にはもっと知りたいという欲求がある。知は力である。しかし、知識を獲得するのは骨が折れることでもあり、そこまで気力がつづかない。労を惜しむというのも代議制民主主義の特徴である。

私たちに不足するもう一つの資源に、時間がある。政治学者のハーバート・サイモンは、一世代以上も前に、情報が豊富にあるほど、情報に対する意識は失われると指摘している。ここにリヴァイアサンの強みがある。リヴァイアサンは気を逸らすことがないのだ。だが人間はそうではない。

インターネットは、それまで隠れていた情報をすべての人が利用できるように開放した。それでも、国家が個人よりも態勢や設備面で優位であることは変わらない。国家は職員に常時監視させることができる。個人ですべての時間を費やして国家を監視するのは正気の沙汰ではない。きわめつけの変人と言われるだろう。陰謀論者というレッテルを貼られかねない。そして、本当の陰謀論者は政府内にいて、人々を監視しているのである。

アメリカやイギリスなど、民主主義国は大量のメタデータを保有し、それは累積していく。こうした活動は、民主主義の下で司法に監督させることが検討されたが、目的が異なるものを一様に管理する方法はない。問題が増幅するだけである。私たちを監視する相手を監視するのは私たちではない。選挙で選ばれない公務員に、適任であるかにかかわらず、代わりに監視してもらうより他に方法はないのである。監視する政府を監視するのは大変厳しい作業であり、代議制民主主義には、では誰がするのかという問いに対する答えがない。

オンライン上での監視は、選挙の争点となるほど注目されていない。アメリカ大統領候補であったランド・ポールは、二〇一六年にこの問題を取り上げようとしたが、ドナルド・トランプに一蹴された。トランプは、大統領選初期の公開討論の場に集まった聴衆の前で、ランドに対してこう発言した。「この人たちは私たちを殺そうとしているのだ」、そして、「こちらが相手の会話に入り込むことに反対するのか？　そうではない！　そうではない！」と述べた。(12)

監視ゲームの目的がテロリストを探し出すことであれば、反対するのは難しい。昔から言われるように、後ろめたいことがなければ隠すことはないのである。政治家の言説は、リヴァイアサンが創作された時代から変わっていない。インターネットは当初、それを変容させるものと期待されたが、実際には補強したのである。

さらに、デジタル技術は、非民主主義体制を弱体化させるのではなく、むしろ強化させる結果となった。権威主義体制は効果的にインターネットを利用した。自由を求める人の最強の武器となるどころか、体制側が彼らを監視するツールとして効果を発揮した。エチオピアとベネズエラでも、権威主義政権を監視するよりも、逆に監視されることに利用された。ここでも、動機、時間といった人的資源が問題となる。腐敗した非効率的な国家でも、対抗勢力よりは資源が豊富なのである。現時点で見れば、インターネットは独裁制を打倒する機械とは言えない。権力の道具なのである。

人々の、監視されていることについての認識は変わった。体制が私たちを監視しているのか、私たちが体制を監視しているのか、その境界が曖昧になったのである。現代社会は、ビッグブラザー〔ジョージ・オーウェルの小説『一九八四年』に登場する架空の人物〕の世界ではない。自分が見ているテレビ画面が、実は市民を監視する機械という大嘘であるが、ここまで大々的だともはや嘘の域を超えている。オーウェルの描いたのは、隠そうとしても無意味なほどすべてが監視されている悪夢の社会である。インターネット監視社会の場合、監視のためであるのか、好奇心からなのか判別することは難しく、隠すこと自体が無駄だ。なぜなら監視を受けるというよりも好奇心に駆られて行動する結果、自らをさらけ出すことになるのである。

新しい情報をオンラインで検索する時、私たちは結果として自分に関する情報をあちこちに広めている。これは主に消費者として行動する場合に起きる。サプライヤーは検索履歴から、どのような製品を売り込めばよいかがわかる。格安航空券を探すことは、同時に過去の履歴からいくらであれば購入するかという情報を航空会社に教えているのだ。調査することは調査されることなのである。一消費者として比較優位を検討することは、自分を露わにすることでもある。

これは政治でも同じことだ。オンラインで利用可能な情報が多いほど、有権者は自らの情報を拡散するということである。これが民主主義活動であることは明らかだ、警戒しなくてはならない！　ある特定のニュースを見ていることを知られることで、相手に自分の先入観や偏見がわかるとすればどうなるだろうか。自分について知ってほしいという欲求が、自分をさらけ出すことに繋がる。その結果、相手は新しい情報を知らせないようにニュースを作り込むことが可能になる。

「フェイクニュース」に対する懸念が高まっている背景にも、情報を検索することが、情報を操作されることに繋がるのではないかという疑念が深まっている状況がある。政治ニュースを精緻に利用することで、選挙活動が価格操作の場となる。私たちが何を買いたいと思っているかが把握され、それに関する情報しか見ることができなくなるのだ。トランプの大統領選挙とブレグジットを決定したイギリス国民投票では、この種の恐ろしい噂が取り沙汰された。ケンブリッジ・アナリティカ社という謎の会社は、有名なトランプ支持者に資金提供を受け、有権者一人ひとりについて、オンライン上の履歴をもとにした情報を提供していたとされる。どのようなニュースを流すかも同じように操作された可能性がある。それが大統領選挙の選挙結果を左右したかを示すことは難しい。しかし、二、三の州で数万票多かっただけという僅差でトランプが勝利したことを考えれば、影響した可能性はあるだろう。

一方、クレムリンは再び、広範に収集した情報をもとにした偽情報という爆弾で、西欧の有権者に対する攻撃を開始した。ボットはツイッターで、民主的な議論に参加すると見せかけて、政治的な議論を終わりのない罵り合いに変えて、議論を続けることが不可能になるようにプログラミングされている。ボットは知的な人間になりすますことは下手だが、怒れる有権者をうまく演じる。騒々しくすればよいのである。

民主主義にとってこれが重大な危機であるのは間違いない。だが、危機に過剰に反応している可能性もある。有権者を細かく情報操作することは想像以上に困難なことだ。ケンブリッジ・アナリティカ社が提供した情報は中身のないものばかりだ。実際、私たちは悪人が極めて複雑な工作を易々とやり遂げると思いがちである。しかし、選挙で不正をすることは難しい。愚かな人は、ジェイムズ・ボンドの敵役が世界を征服すると心配する。しかし、ジェイムズの敵役は愚かではない。

フェイクニュースの多くは民主主義に対する陰謀とは無関係である。インターネット上に溢れるご都合主義的なニュースに過ぎない。二〇一六年のアメリカ大統領選挙において、フェイスブックで最も多く閲覧されたフェイクニュースは、十代のハッカー数人がマケドニアから発信したものだった（「ローマ法王がトランプ支持を表明した！」が最も有名である）。彼らはクレムリンに雇われていたのではなかった。単純に、オンラインという道路で政治という車の衝突事故を起こせば手っ取り早くお金を稼ぐことができることに気づいたのである。フェイクニュースが金儲けになるというのは、インターネットの広告モデルから着想を得たものだ。そこから、監視ゲームは人々の注目を集める競争へと一変した。広告が視聴される限り、何で注目を集めてもよかったのである。偽のニュースは効き目があった。人々の興味を惹く内容であれば本当のニュースでも構わなかった。世間はドナルド・トランプの一挙手一投足に注目し、彼はマケドニアのハッカーだけでなく、ニューヨークタイムズとCNNにとってもすばらしい素材だったのである。不正操作だけが狙いであればすぐにそれとわかる。しかし、目的が注目を集めることである場合、積極的な工作によるものなのか、単に情報を流しているのかを判別することは難しい。

プーチンは悪の天才かもしれないが、機会主義者であることは明らかだ。トランプも同様である。フェイスブックは、ザッカーバーグを筆頭に、自分たちの技術がフェイクニュースの拡散に悪用されたことは驚きであると表明した。フェイスブックの技術者も、多くの人と同じように騙されたのである。ザッカーバーグが不正操作を止めたかったと語ったのは本音だろう。彼が意図的に操作したのではない。誰も想定していなかったというのは迂闊だった。これは広告業の副作用なのである。

現代民主主義という舞台を形成する観客と演者はあまりに人間的であり、デジタル時代に似つかわしくない。データ収集は機械で行われており、機械は人間のように世界を見てはいない。ただ情報を吸い上げるだけだ。人間は画面上に存在するものであって、個人として扱われるのではない。人は監視対象を人として見るが、機械にとって人は情報処理の対象でしかない。民主主義の脅威は不正操作ではない。思考しないこと《マインドレスネス》である。

代議制民主主義が広告業に姿を変えたとして、問題があるだろうか？　この疑問は長年の間、議論されてきた。一九四二年に経済学者のヨーゼフ・シュンペーターは、民主主義とは、有権者に商品を購入させようと、セールスマンのチーム同士が競争することだと述べた。[13] これは粉石鹸を買うようなものだ。ある銘柄に飽きたら別の銘柄を買えばよいのである。

一九六九年、ジョー・マクギニスは著書『大統領を売り込む男』で、広告業界がいかにリチャード・ニクソンをアメリカの選挙人に好まれるように変貌させたかを描いた。[14] なかには、民主政治でこのような操作が行われていたことにショックを受けたと告白した人もいた。現在ではショックを受ける人はいないだろう。二十世紀後半には、劇場型パフォーマンスという民主政治の流れは広告業に取って代わられた。はじめはラジオ、その後テレビが演出を変えたが、基本的な考え方が変わったわけではない。広告業が政治を作り出し、人々が消費するのだ。

どの商品が売れるかを決定するのは選挙であり、政治家が選挙という市場でどれだけ交渉力を発揮できるかが人々の命運を決する。ケンブリッジ・アナリティカ社のやり方は違うのだろうか？　その答えは、ノーである。いくら綺麗に見せようと競争して口紅をつけたとしても豚は豚でしかない。だが、本質的な部分で変わったと言うこともできる。二十世紀の政治的セールスマンには独特の流儀があった。選挙日に公約を支持させることが目標だった。戸別訪問でドアをノックし、家に入れてもらえることもあった。多くの場合は追い払われた。彼らを家に招いて営業させることはなかった。

二十一世紀の広告業では、ほかにもしなければならないことがある。公約を支持させるよりも、検討中という状態が長く続いている方が望ましい。注目を集める競争では、メディア中毒にすることが目標なのである。その意味でオンライン広告は容赦がない。どこまでも追いかけてくる。私たちが絶えず見ているように、どこまでも追いかけてくる。

トランプはこのタイプの民主主義における政治家の典型である。公約を実現すると言うが、本気ではない。彼は常に注目されることを好む。普通の政治家は選挙活動を終えると態度が変わるものだが、トランプは選挙に勝利した後も、選挙キャンペーン中と同じように振る舞った。たとえうまくいっていない時でも世界の耳目を集めた。神経学者のロバート・バートンは、ニューヨークタイムズに冗談半分にこう書いている。「トナルド・トランプはブラックボックスで、自分で選り好みしたデータと、成功するための感情任せのアイディアだけを頼りとする、AI第一世代の大統領である」[15]。一般的な用途に使われる人工知能が開発されるまでは、彼のようなボットを使うよりほかないのかもしれない。

二十一世紀の広告業は、人々が常時注目しているように認知バイアスに働きかける。人間には、将来より現在の利益を重視する傾向がある。これは、今持っているものに固執する、信じていることが正しいと確認したい、自分が注目されていると過剰反応する、自分の将来の姿を過少評価するといったことも同じである。ソーシャルネットワークなど人々がアクセスする機械はこうした感情を満足させる。人間が中毒になるように作られているのである。携帯電話で絶えず新しい情報をチェックするのは、それが自分の求めている情報でもあるからなのだ。

あまり意識されていないかもしれないが、代議制民主主義は認知バイアスを抑制することを意図されてきた。すぐに満足したい衝動を抑え、意思決定に時間をかけさせるのである。購入者には買ったことを反省する余裕が生まれる。アメリカの建国者たちは、人々の政治的な衝動やバイアスが制度というフィルターを通ることで修正されるよう、尽力したのである。そのため、人々は代議制民主主義に対して不満を抱くことになる。満足できるようなものではないが、意図的にそう設計されたのだ。

オンライン上で買物をして反省することはあまりない。それは反省する時間がないためである。一度買物をすれば購入履歴から次の商品が提示されるようになり、買物をつづけていく。選好に応じた商品のメッセージから逃れることはできない。民主政治のこのモデルは自己修正的ではなく自己破壊的である。虎が自分の尻尾を永遠に追いつづけるようなものだ。こうした民主主義の失敗例は過去に例がない。民主的な選択肢は増加している一方、意味のないものも多くなっているのである。

古代の直接民主主義には、個人のバイアスを修正する機能があった。これは個人がバイアスに陥らないための解決策になるのではないだろうか？　アリストテレス以降、哲学者は、個人の意思決定の間違いを避ける最善の方法は集団の意見を集約する数の論理であると考えた。個人の選択よりもバイアスを取り除くことのできる集団的意思決定の方がうまくいく。これは群衆の知恵として知られている。

この考えは、インターネット時代に改めて注目されている。デジタル技術によって膨大な数の意見を集めることが可能になった。集団となることで、商品の格付けをし、将来見通しを予測し、パズルを解いたり、さらには百科事典の編集まで、個人で行うよりはるかに効率的にできるようになった。そして、インターネットによって参加するハードルは低くなった。集団的意思決定に参加するために広場まで出かける必要はない。あらゆる意思決定について、どんな場所からでも参加できる。クリックと検索をすれば済むのである。これを政治に利用すればよいのではないだろうか？

この答えは、時代を遡って古代アテネに見ることができる。直接民主主義は統治することが極めて難しい政治形態なのだ。慎重に管理されてはじめて機能する。暴力の脅威を含め、衝動的な行動を抑え込むためにあらゆる手段を講じる必要がある。また、そのためには多大な労力を要するのである。

私たちは巨大な新興企業が構築したネットワーク社会で生活し、ネット中毒になり、衝動的に行動する。この状態は直接民主主義による管理に適さない。政治に労力を要することも、政治的暴動も必要としていない。ほかの方法で簡単に満足感を得られるのに、そのようなものを求めるだろうか？

しかし、民主主義は終焉したわけではない。リヴァイアサンはまだ死んでいない。機械が統治する世界が到来する可能性は残されている。

それはどのようにして可能になるのだろうか？　デジタル技術を民主政治に取り込んでいくという大変な仕事を誰かがしなければならない。それは自然発生的に起きるものではない。一つ考えられるのは、選挙で選ばれた政治家が自らの権能で直接民主主義を実践することだ。古代アテネを再現することはできない。しかし、民主主義をもっと人々の要求に応えるものにすることはできる。

いくつかの国でそうした試みをする例が出始めている。アイスランドでは、二〇〇八年の金融危機で経済が破綻した後、有権者がインターネットやソーシャルメディアを利用し、新しい憲法の草案を作成し、また、レイキャヴィークでは市民にオンライン投票で市の予算を策定する権限が付与された。サンフランシスコでも同様の動きがあり、いくつかの市町村で予算手続きに市民が参加することが試行された。ストックホルムでは、政策を決定する前に有権者がインターネットで投票することができる。スペイン、オーストラリア、アルゼンチンには「インターネット」政党が存在し、党員はデジタルツールを使って党の方針を決定する。イタリアでは、ベッペ・グリッロが結党した五つ星運動が、善し悪しは別にして、インターネットを使って政策を決定している。世界各地で活動する海賊党も同様である。

また、デジタル技術は、民主主義の抱える技術的に複雑な課題に対して最適解を提示できる。有権者に直接意見を求める必要はない。政治家は、機械学習を利用して、政策の選択肢について有権者がどう反応するかを事前にテストすればよく、これまでより負担は軽くなる。現状、多くの政治家が提示する政策メニューは、政治家の願い事リストのようなもので、果たして有権者が支持してくれるか試されることになる。新しい技術によって、どのような政策であれば有権者が承認するかを事前に試すことが可能になるのだ。

こうした政治は自然発生的に起きるものではない。民主主義のデジタル化が進んでも、大変な労力が必要になる点は変わらない。インターネットが直ちに民主政治を活性化させるわけではないのである。政治は既存システムの中で進められる。政治を救うことができるのも、また政治なのだ。

残念ながら、現在の政治システムでは、政治が活性化する場合もあれば、阻む場合もある。政治は部族的なもので、どのような政策であっても、野次を飛ばす部族があれば、支持してくれる部族もある。デジタル技術には政治を救済する可能性があるが、同時に、部族的な傾向を強める面もある。

直接民主主義を試行しているサンフランシスコ、レイキャヴィーク、ストックホルムの事例を見てみよう。こうした都市は直接民主主義になるのだろうか？　Eデモクラシーは、技術に明るい市民が多く集まる都市に適している。サンフランシスコで可能なのに、なぜ他の都市で展開されないのか？　ほとんどの州では、サンフランシスコでうまくいったことには手を出したくないというのが本音である。テキサス州は政治がカリフォルニアを反面教師として強く意識している。カリフォルニアで志向されることは、テキサスでは疎んじられるのだ。

二十一世紀における西欧民主主義最大の分断の一つは、教育問題によってもたらされた。投票するか決定するのは、年齢、階層、性別以上に大学教育を受けているかであると考えられているのである。それが正しいことは、トランプが勝利した大統領選挙、ブレグジットを決定した国民投票、マクロンが勝利した大統領選挙で証明された。教育を受けた者たちも一つの部族なのだ。固い結束で結ばれている。世界がどのように機能するのかについて他の人より知っていると思っているのである。だが、相手には理解されない。独善的な部族主義に陥っていることを、知能が高いことと混同しているのだ。

テクノロジーが代議制民主主義を補強すると考えることも本質的に同根の問題である。政治家は、医者など他の専門家と異なる。私たちは政治家に助けを求めるのではない。私たちの代わりに政治に意見を反映してもらいたいのである。知能が高いことはむしろ邪魔になる。

一九〇〇年代初頭に、マックス・ウェーバーがはじめてドイツからアメリカを訪れた時、なぜ人々の期待に応えることができるとは思えない政治家に投票し、その結果失望することを繰り返すのかと労働者に問うた。答えは、「われわれは「専門家」や役所の職人に唾し、見下すのだ。彼らが、あなたの国の政治家のようによく訓練され、洗練された階層の出身者ばかりであれば、彼らの方がわれわれに唾するからだ[16]」というものだった。こうした心情は、今でも代議制民主主義に息づいている。

デジタル革命は民主政治に多くの実りをもたらすと期待されたが、実現されたのは僅かだ。それでも、変革には無限の可能性があることは変わらない。ここで最も厳しい問いについて考えてみよう。よりよい政治を行うことを阻んでいるのは民主主義ではないだろうか？　その場合、どう考えればよいだろう？

第四章　よりよい明日はあるのか？

現代の代議制民主主義は制度疲労を起こし、執拗になり、偏執的で、自己欺瞞的であり、扱いづらく、往々にして無力である。過去の栄光のおかげで存続していると言ってもよい。この残念な状況は、私たちの今日までの有り様を反映した姿なのである。だが、現代の民主主義は私たちそのものということではない。民主主義は私たちが作った統治のシステムであり、他のものに置き換えることは可能だ。よりよい制度に変えてみてはどうだろう？

タオルを投げ入れない〔民主主義を諦めない〕理由はもちろんある。民主主義は、これまでうまく機能しつづけ、今それを放棄すればデメリットの方が大きくなる。他方、長く固執しつづけることも同程度にデメリットとなる。むしろ事態はさらに悪化するかもしれない。

いま述べたことは、言葉を選んで慎重に表現した場合である。より直截で手厳しい評価はあちこちで聞かれる。たとえば、イギリスの哲学者であるニック・ランドは、民主主義はもうじき過去の文明となると考えている。彼は軽蔑を隠そうともせず、「政治家と有権者は、一方が他方の誘因となるような回路に閉じ込められる。そこで両者は、かつてないほど恥知らずで極端な罵り合いへと駆り立てられる」[1]と書いている。つまり、民主主義が認知バイアスと向き合うことをしなくなった以上、すべてを消費し尽くす狂気を正す道はない。まさにゾンビ政治だ。

民主主義は、その理論ないし歴史の水準から見ても、我先にと貪る状態まで時間選好を上昇させる。それは、致命的な野蛮さやゾンビ・アポカリプスへと至る社会的崩壊を即座にもたらすものではないにしても、文明の否定へと接近していく（やがて崩壊状態を招く）。民主主義というウイルスが社会を覆いつくしていくにつれて、苦心して積み重ねられてきた習慣や、先を見越して思考する態度、慎重になされる人的かつ産業的な投資は、その場だけの不毛な消費主義や無節制、そして「リアリティ・ショー」的な政治サーカスに置換される。将来は別の誰かのものになってしまうなら、今この瞬間にそのすべてを食らいつくしてしまおうというわけだ。[2]

民主主義よりもよいものはないのかと気にする必要はない。それよりひどいものはないのである。ランドのような作家は代替案として何を考えたのだろうか？　これが最初の問題である。ランドは民主主義国を、選挙で選ばれていない人をCEOとする巨大な会社（「政府株式会社」）にしようと考えたのだ。そこでは、国民は顧客となる。「居住者（顧客）」が政治に関心を持つ必要は金輪際なくなる。実際、関心を持つことは半ば犯罪行為と言える。政府株式会社が税金（国に対するレント）に見合うサービスを提供しない場合、顧客サービス部門にその旨を伝え、必要があれば顧客を移すこともある。政府株式会社は、効率的、魅力的で、活力があり、清潔で安全な国家を運営するよう努め、顧客を増やさなければならない。声を上げる必要はない。出て行くのは自由だ」というのがランドの考えであった。これは、彼が「大聖堂《カテドラル》」と呼ぶ、国民国家を世界政府にしようとする謎の組織に対する唯一のアンチテーゼであった。彼は、「ニューイングランドの大学の苦情調査部門」から「大聖堂《カテドラル》」の信条などの着想を得た。

また、ランドの「大聖堂《カテドラル》」をはじめとする発想の多くは、コンピュータ技術者であるカーティス・ヤーヴィンがメンシウス・モールドバグという筆名で書いた作品をヒントにしている。ランドとヤーヴィンは、「新反動主義者」と呼ばれるが、ヤーヴィンは「復古主義者」、または「ジャコバイト」〔Jacobite は、一六八八年イングランドで起こった名誉革命の反革命勢力の通称である。彼らは追放されたステュアート朝のジェイムズ二世及びその直系男子を正統な国王であるとして、その復位を支持し、政権を動揺させた。ジャコバイトの語源はジェイムズのラテン語名（Jacobus）である〕と呼ばれることを好んだ。(3) これは文字通りの意味である。彼は、一六八八年以降、政治は間違った方向に進んでおり、絶対君主を復活させたいと考えていたのである。ただし、「絶対君主」という言葉を使うことは自由主義者に見下されている印象があったことから拒否し、国家の意思決定を担う王室を、単に「君主」とした。モールドバグは、哲学者の中でホッブズを最も好んだが、それはリヴァイアサンよりも民主主義が支持を集めるようになるまでのことだった。

こうした考えが民主主義の代替物になり得ると真面目に言えるだろうか? 現代民主主義に対する過激な批判は、事態を改善させるよりも、誤った方向に向かわせた過去を彷彿とさせる。ランドとヤーヴィンはどちらも陰謀論の巨人だった。彼らは気に入らないものを批判するだけで現実的な代替案について言及しなかった。二人の描く政治は、風刺的で、人間離れしたヒーローや悪役が暗躍する世界で、到底実現できるものではなかった。これは民主主義に絶望した人によく見られる傾向である。嫌悪するだけで現実的な解はないのである。早く次の段階に進むことしか頭にない。

アマゾンのソフトウェア技術者であるアレッシオ・ピエルジャコミは、民主主義の衰退について次のように書いている。「年々、平均的な人間は愚かになり、政治家は嘘がうまくなる……一方、コンピュータは毎年知能が高くなっている……いずれ人間に代わって意思決定をし、統治するほど賢くなることは明らかだ[4]」と。それに対して、同僚のエンジニアがこう答えている。「政治家よりはるかにうまく国を運営する能力のある人はすでに大勢いる。だが、実際に国を運営するのは、政治の汚い世界をうまく渡っていける人なのだ。政治を行うことのできるロボットを作り、そのロボットが選挙で選ばれたならば、現在の政治家と遜色ないほどうまく国を運営するだろう[5]」。これは痛烈な皮肉だが、何が起こるかはわからないのである。

民主主義が長く存続してきた主な理由の一つは、現実的に民主主義に代わる制度が他になかったからである。民主政治を嫌っているものの、よりよい制度に関する合意もない。代替案とされるものは、さらにひどい制度のように思われる。ポピュリズムはその隙を突いている。民主主義に反対するが、それに代わるものがないことに対する怒りが、陰謀論の温床となっている。民主主義に騙されているのだと人々に思わせることが容易な状況が作り出されている。

民主主義はまだましな制度なのだという、チャーチルの有名な言葉が言い得て妙である。

これまで多くの政治体制が試みられてきた。これからも過ちと苦悩の中で試行錯誤していくことだろう。民主主義が完全で賢明だと見せかけようとする者はいない。実際、民主主義は最悪の政治体制だと言われてきた。ただし、これまでに試みられてきた民主主義以外のすべての政治形態を除けば、である。(6)

この言葉は、二十一世紀になっても、うんざりするほど繰り返されてきた。それでも今なお、その意味するところは重要である。これは、一九四七年、ファシズムが民主主義に代わり得るかという実験が破滅的な失敗に終わった後の演説である。もう一つの、スターリニズムの実験は当時、まだ進行中だった。第二次世界大戦を経て、民主主義に代わるものは現実的にあり得るが、それは極めてリスクが高いということがわかった。代替物はリアルに存在したのである。

それから七十年が経ち、状況は変わった。民主主義以外の選択肢はないと考えられるようになった。それまでに試みられた過激な実験は、成果に乏しいか、到底実現できるとは思えないものであった。実際、ストックホルムの郊外で起きた運動がワシントンで注目されることはなかったのである。チャーチルが警戒を呼びかけた現象は決して過去のものではない。今では、民主主義以外うまくいかないという認識が当たり前になり、現実的な案があっても見過ごされるだろう。これも民主主義が中年であることを示している。民主主義が若ければ、それが向かう方向の良し悪しとは別に、未来を感じるものだ。だが、成熟するとそうした感覚は失われてしまう。これも民主主義にとって弊害となっている。

代わりの枠組みはないと思い込むことと、代わりはあるが、ただしひどいものだと考えることに大差はない。こうした発想が中年の危機を引き起こすのである。本来は少し違っており、現実に代わりとなる枠組みはあると考える余地があるものだ。代替案として何があるかを見つけることは難しいが、民主主義の魅力を再検討するところからはじめることが一案である。これも民主主義の治療の一環と言えるだろう。

現代民主主義の魅力には大きく二つある。第一は、尊厳を与えることだ。民主主義国では、政治家は国民の意見を聞かなければならない。人々には意見を述べる機会が与えられ、沈黙させられようとしても発言する権利は守られる。民主主義は個人の権利を尊重するのである。第二は、長期的利益を享受することである。安全な民主主義国で暮らすことで、人々には安定した暮らし、繁栄、平和という大きな利点があった。どれも人を惹きつける要素であり、実際、それらがまとめて与えられるというのは驚くべきことである。

尊厳は、常に長期的利益に優先する。まず獲得されるべきは投票の自由、選挙権である。民主主義になったばかりの国で、制度が作られるより先に投票所に長い列ができるのはそのためだ。成果が出るまでには時間がかかる。民主主義における尊厳は、個人に帰属するのであり、だからこそ長期的利益が広く行き渡るのである。

民主主義では、すべての票に価値があるので、個人が尊重されることが担保されている。なかには形式的に書いてあるだけで実体を伴わないこともあり（特に少数派の扱いについて見られる）、その場合には戦って権利を勝ち取らねばならない。この制度は、個人が幸せになることを保障するものではないのである。実際、民主主義の恩恵を受けられず、取り残されていると感じている人は多い。民主主義国のもたらす利益は公共財を通じて提供されるので、特定の形として観念することは難しい。公平な分け前に与ることも自ら勝ち取らなければならないものの一つだ。

民主主義の最大の特徴の一つである選挙が、その長所を生かせていないのは皮肉である。票集めに躍起になっている政治家は、政策の利点を有権者一人ひとりに説明するだろう。だが同時に、集団を尊重することも訴える。これは矛盾している。つまり、候補者は、私に投票すれば、あなた個人にとってメリットがあり、さらに、あなたの属する集団もより尊重されるようになると言うのである。ここに民主主義に感じる不満の原因がある。民主主義の真の長所は、政治家の上辺だけの主張でなく、その背景にこそある。

あなた個人に公約されたことと、社会全体に公約されたことの間にはかなりの隔たりがある。

そこに、民主主義に代わるものが提案される余地が生まれる。二十世紀にはいくつかのイデオロギー的な代替物が提案されたが、失敗に終わった。マルクス・レーニン主義は個人の利益と社会の利益の差異を克服すると宣言した。レーニンは著書『国家と革命』で、真の社会主義では個人の私的生活と社会生活は互換的になり、容易に置き換わると述べた。そうなれば、警察や官僚組織は必要なくなり、自分たちで自ら行うようになる。レーニンは真の社会主義が、世界を完成させる唯一の方法だとした。このアイディアは、一九一七年のロシア十月革命前夜に刊行された。しかし、それが政治で証明されることはなかった。レーニン主義はスターリン主義に変質し、戦後の殺伐として抑圧的なソビエト体制が推し進められた。長い目で見れば、多くの失敗があったにせよ、民主主義の方がはるかにマシだった。

また、代替案は、イデオロギーに固執する必要はない。実際、二十一世紀の権威主義は先人たちよりも実際的《プラグマティック》であった。政策を担った者たちは、誰がやっても世界《サークル》を完成させることは不可能で、少なくともイデオロギーを重視する政治家には無理だとわかっていた。現代の権威主義は、二十世紀の経験に学ぼうとしてきた。民主主義の価値を半分は提供するが、すべてではない。個人の尊厳と集団的利益の代わりに、個人の利益と集団の尊厳を約束する。中国共産党が現在行っていることはまさにそれである。

集団の尊厳とは、つまり、中国を再び偉大な国家へ！　といった国家としての自己主張である。個人の利益を国家が保障し、広く個人に富を分配する。民主主義でない中国が、民主主義のインドよりも貧困の削減と、平均寿命の長期化に成功したのである。多くの中国国民が、急激な経済成長の恩恵を受けたのである。政府は、体制を維持するには経済成長しつづけなければならないことがわかっていた。

ただし、それには犠牲が伴う。中国国民にはインドのように民主的な表現の自由はない。個人の政治的尊厳は、言論の自由を抑圧し、権力が恣意的に行使される社会体制では認められないのである。中国国民の方がインドよりも絶対的貧困や、それに伴う栄養不良、非識字状態や早死は少ない。しかし、説明責任のない政府当局の迫害に遭う可能性と引き換えに、ナショナリズムとして集団的な政治的尊厳が与えられるのである。これは、国家の多数派に属する個人にとってはメリットがある。しかし、チベットでは役に立たない。

その反面、急激な経済成長の持続に賭けることには大きなリスクもある。現代民主主義が長期にわたり維持されてきたのは、誤った際に方向を変える能力に負うところが大きい。民主主義は柔軟なのである。他方、実際的な権威主義が民主主義に取って代わる場合、短期的な利益が出なくなると、政治的正統性を維持することが難しくなるリスクがある。実際的というだけでは不十分なのだ。中国経済はまだそこまで悪化しておらず、現実に何が起こるかは予測がつかないが、権威主義は、うまく機能しなくなると、その長所よりも短所の方が目立つ制度なのである。

二十一世紀の実際的な権威主義は、現代民主主義の代替物となる可能性がある。ある意味で、両者はトレードオフの関係に立つ。個人の尊厳と集団の尊厳のどちらを選好するべきだろうか？

短期的な利益か、それとも長期的繁栄か？　これは難しい問題だ。民主主義の現状を見ても、このことが正面から議論されている様子はない。トランプはそれを体現している。

二〇一六年にトランプが展開した選挙は、権威主義の戦略を踏襲したものだった。彼は集団の尊厳を取り戻すと公約したのである。白人の多数派に対して、アメリカは再び偉大な国家になる！　誰かに振り回されることはやめる！　と言った。また、彼は短期的利益をもたらすことも約束した。経済学者をはじめとするインテリが長期的なコストを指摘したところで気にも留めなかった。雇用を取り戻す！　経済成長率を三倍にする！　すべての人の福祉を守る！　まるで典型的な二十一世紀の権威主義者の言である。だが他方で、厚顔無恥の民主政治家の典型でもある。つまり、実現不可能な約束をしているのだ。

トランプの支持者がアメリカの民主主義よりも中国の体制を選好しているとは思えない。トランプの行動を見る限り、彼が選挙期間中に公約したことの多くが嘘であったことは明らかである。トランプは実際主義《プラグマティズム》だが、それは権威主義的というよりも即興と言える。私の知る中国の政治エリートは、不安と軽蔑の交錯した目でトランプの台頭を見ている。トランプは民主主義と、それ以外の制度の境界を曖昧にした。他の多くのことと同じように、彼の選挙で明らかになったものはない。

トランプについてはいったんここまでとし、より重要な問題を見ていくことにする。実際的な権威主義が現代民主主義を代替し得るのであれば、その時期はいつが適当だろうか？　それは国によって異なる。新興民主主義国で、民主主義の尊厳が物理的な利益をもたらす段階にいまだない場合、実際的な権威主義の方が魅力的に映るだろう。これは民主主義を導入していない国も同様である。中国の政治体制へ宗旨替えをした例は世界中に見られる。アジア、アフリカ諸国、さらに欧州の周辺国でもそれは起きている。中国がそれらの国に投資をしていることも関係するが、それだけではない。急激な経済成長とナショナリズムの組み合わせは、短期的な成果を求める国にとって訴求力が高いのだ。そうした国では、民主主義はむしろ危険な賭けのように考えられている。

環境問題が喫緊の課題である国にとっても、実際的な権威主義は非常に魅力ある制度に映るだろう。国際社会における中国の最大の成功は、気候変動に断固たる姿勢で対処したと証明したことだろう。太陽光の発電容量を一年で二倍にする（二〇一六年）、北京のタクシーをすべて電気自動車にするなど、大胆で、発想豊かなポーズと思われる目標も散見されたが、毛沢東以降のスモッグに覆われた時代から劇的に変わったことを印象づけたのである。

実際的な権威主義の環境対策と比較すると、民主主義は冗長で優柔不断に見えてしまう。さまざまな選択肢を検討できるのは民主主義の長所であるが、その結果、対応が遅きに失することも時として起こる。洪水、大気汚染、水不足という危機に直面した場合、実際的な権威主義は長期的な利益を犠牲にしても、すぐに成果の出る政策を打ち出すことが可能だ。反対者の意見を気にする必要はないのである。

しかし、それだけで成熟した民主主義に取って代わることはできない。その逆方向に向かうトレードオフ効果も働くのである。誰しも損失回避傾向はある。たとえ補償されるとしても、自分が正当に所持していると思っているものを失いたくないのだ。西欧民主主義国では、全体としてかなりの犠牲を強いられるとしても、ろくでもない人を追い出してもらうからといって個人の尊厳を失うことは考えない。多くの例がこのことを証明している。欧州のほとんどの国では十年以上、経済が停滞している。アメリカでは四十年以上もの間、賃金が上昇していない。有権者は、選挙の度毎に、他とはひと味違った公約をする候補者に投票してきた。だが、民主的な権利を奪うと脅す候補者を支持することはなかった。民主的な権利を奪うという権威主義的な行為は、それを持つ資格のない者に対して限定的に行使されるに過ぎない。

実際的な権威主義は民主主義に取って代わるものではない。ポピュリズムの歪んだ形なのである。民主的権威主義者の典型であるハンガリーのオルバーン・ヴィクトル首相は自らを「非自由主義的民主主義者」と言い、中国共産党よりもウラジーミル・プーチンの影響を受けている。ハンガリーやロシアの実際主義《プラグマティズム》は、中国には遠く及ばないが、スケープゴートや陰謀論を画策することにかけて第二グループに位置づけられる。選挙制度は存在し、民主主義を宣伝するが、自由はない。つまり、これは民主主義ではないのである。政治学者は、こうした体制を「競争的権威主義」と呼ぶ。(7) 民主的な選択肢があるように見えて実はない。これは民主主義を代替するものではなくパロディなのだ。

中国の政治体制は、スケープゴートや陰謀論と切り離すことができない。指導者は独裁者である。北京政府は、モスクワやブダペストにとって目標でしかなかったことを、そしてトランプも口ばかりで実現できなかったことを成し遂げた。最大多数に成果をもたらしたのである。中国の政治体制は能力主義《メリトクラティック》とされる。政治家は、十分なカリスマ性を備えているかについて国内で幾層もの複雑なテストをクリアして、昇進していく。だが、西欧は懐疑的に見ている。オックスフォード大学の歴史学者であるティモシー・ガートン・アッシュは、「派閥主義、恩顧主義、パトロネージ、汚職」が体制に蔓延していると指摘する。(8) その一方、ガートン・アッシュは「重要な政治改革が進められ、ソビエト連邦の制度とは異なる」ことは認めている。中国専門家のダニエル・A・ベルは中国の政治体制の構造は、「下に民主主義、中間に実験主義、上に能力主義」(9)であると述べる。上と下については疑義があるとしても、真ん中は西欧民主主義国の関心を惹くだろう。少なくとも、中国は新しいことに取り組んでいると言えるのではないか?

成熟した民主主義が実際的な権威主義に食指を動かしたとしても、それを選ぶことは考えられない。新しいものに取り組むより、現行の制度を手直しする方がリスクは低い。もちろん、状況は変わり得る。巨大な経済的損失、または環境問題に関係する大惨事が発生すれば、トレードオフ関係が変化する可能性はある。成熟した民主主義が代替物と運命を共にすることは考えられないことではない。まだその段階には至っていない。近時のギリシャの例からもそれは明らかだ。一九三〇年代の大恐慌に比肩する経済危機の惨状にあっても、ギリシャは個人の尊厳を保障する制度、つまり表現の自由と政策決定の自由を手放そうとはしなかった。これらは今でも、何ものにも代え難い民主主義の特性なのである。

チャーチルの言は、半分は正しい。民主主義が最も欠点の少ない選択肢であることは今も変わらない。しかし、そうでない場合もある。現実には代替物が存在する。二十一世紀の西欧民主主義は、各地で、民主主義のいいとこ取りをした制度と競合することになるだろう。民主主義を代替するような制度はまだ現れないが、民主主義はもはや街の唯一のゲームではないのだ。

また、代議制民主主義が二十一世紀の人々の要請に応えるのは限界があることを認めなければならない。代議制民主主義は伝統的に、選挙権の拡大という形で個人の尊厳を重視してきた。選挙権を付与することで、一人ひとりの意見が重要だと認識させてきたのである。だが、今では成人に選挙権が行きわたり、個人の尊厳を表す新たな方法が必要とされている。アイデンティティ・ポリティクスが蔓延している現状を見れば、選挙権だけでは、自分の意見が政治に反映されていると実感させるには不十分であることがわかる。人々は自分が何者であるかを知ってほしいのだ。ただ話を聞いてもらえたというだけでは満足しない。聞き入れ、認めてもらったと実感したいのである。ソーシャルネットワークはこうした声を届ける場を人々に提供した。他方、民主主義における政治家は、どうすれば人々の要求に応えることができるか考えあぐねている。

承認の政治は、民主主義を否定するのでなく、その延長線上にある。どれだけ実際的であろうと権威主義とはまるで違うものだ。権威主義の政治指導者は、自分の要求を承認するよう声高に求めつづけるだけである。権威主義者は、「尊重してほしいのか?」と尋ね、次に、「では、まず私を尊重しろ!」と返すだろう。他方、代議制民主主義にはこの問いに対する明確な答えはない。尊厳の問題はあまりに自明で、改めて説得的に説明することが難しい。選挙で選ばれた政治家は、どこに向かってよいかわからずに、アイデンティティ・ポリティクスという地雷原の周りを歩き回るようになり、相手の機嫌を損ねないように気を遣っている。こうしたことをつづけていると、長い間支持されてきた民主主義に綻びが生じるだろう。個人の尊厳と成果は最強の組み合わせだが、どちらが欠けても制度としては不完全なのだ。

こうして考えていく先には、より過激な事態も想定される。個人の尊厳と社会利益が両立されないのであれば、制度は中間的なものにならざるを得ない。トレードオフでなく、一方的なものになる可能性もある。すべての声を聞くことに固執すると、政治が不協和音だらけの惨憺たるものになってもおかしくない。最良の成果を求めるのであれば、そのために何を為すべきかわかっている人に政治参加を限定するべきだろう。

二十一世紀の権威主義は、民主主義に対して実際的だが部分的な代替案を提示するにとどまった。十九世紀を起源とする、より教条的な代替案もある。すべての人に選挙権を与えるような個人の尊重を見限ってはどうだろう? 価値のない個人の尊厳などやめて、その代わりに専門家を重用するのだ!

実践するべきだろうか?

これは、政治学で言う知者の支配《エピストクラシー》である。少数の賢者による統治である。つまり、政治的意思決定に参加するには専門的な知見が必要であるとする考え方であり、民主主義の対極にある。民主主義の基本は、知識の有無にかかわらず、意思決定の結果が人々に関係する以上、すべての人に参加する権利があるというものだ。古代アテネでは、この原則に則り、政治家はくじで選ばれた。すべての人は国家の構成員なので、誰が選ばれてもよかったのである。ただし、女性、外国人、貧民、奴隷、子どもは対象外だった。現在、陪審員制度などの例外を除けば、重要な意思決定を行う人を無作為に選ぶことはどこの国でもしていない。だが、古代からの原則は、有権者が候補者の資質を十分にチェックせずに投票するところに底流として流れている。

プラトンにはじまる民主主義への批判は、無知による統治であるというものだった。無知の人を騙すいかさまだと悪し様に言われることもあった。熱心な親欧州派の都市であり、名門大学が所在するイギリスのケンブリッジに暮らしていて、国民投票でブレグジットが決定して以降、こうした話を何度も耳にした。仮にも民主主義国で知者の支配を支持するような話をすることは憚られるので、通常は聞こえないように小声で呟かれるものだが、はっきりと聞かれた。非常に知的な人々が、普通の人では理解できないことを問うからこうした結果になるのだと囁き合っていた。ドミニク・カミングスは「主権を取り戻そう」というスローガンを考案し、国民投票での勝利を演出したが、こうした批判が彼に対して平然となされたと述懐している。彼に向かって、ブレグジットに至ったのは、悪意ある人たちが愚かな人を騙したのでブレグジットという結果になったのだと、民主主義もこれまでだと言ったのである。

民主主義は愚かで無知な人が統治することを求めていると言うのは公平でない。民主主義の支持者は、愚かさと無知が美徳であるとは決して言っていない。しかし、民主主義が知識の程度に応じた区別をしていないのも事実である。難しい問題について知的に考える能力は二の次にされている。一人ひとりが成果に関与しているかが最優先にされるのだ。民主主義は、有権者が自らの過ちの責めを負うことを求めているのである。

知者の支配は、なぜ知識レベルに応じて区別しないのか？　すべての人が政治に関与することに特別な意味があるのか？　という問いを突きつける。背景にあるのは、自分たちの犯した過ちを全員が背負いつづけるのではなく、それを未然に防ぐことに全力を注ぐことを第一に考えるべきだという考えであり、直感的には理解できる。防ぐことができれば、誰が責めを負うかという問題もない。これは、二千年以上にわたり、常に大真面目に議論されてきたのである。十九世紀終わりまで、政治を理解していない人に権力を委ねるのはリスクが高すぎるとの理由で、民主主義はよくない考えだというのがコンセンサスだった。ただし、これは知識人たちのコンセンサスである。普通の人々がどのように考えていたかを知る術はない。誰も知ろうとしなかったからである。

二十世紀の間に、知識人のコンセンサスは方向転換した。民主主義が政治のデフォルト条件となり、その長所は欠点を補ってあまりあるとされた。二十一世紀に入ると、民主主義に対する疑念が再燃した。現在では、民主主義はかなりおかしなことをしていると思われている。過ちを共有することなど到底無理だろう。トランプとモディ、気候変動と核兵器が幅をきかす中、知者の支配が再び牙をむいている。

なぜ、何をすればよいかを最もよく知る適任者に判断を委ねないのか？　この問いに答える前に、知者の支配と、それとしばしば混同されるテクノクラシーとの違いについて説明する。両者は別々のものだ。知者の支配では、政治を最もよく知る者が統治する。テクノクラシーは、技術者やエンジニアが統治する。こうしたテクノクラートと呼ばれる人たちは機械の専門家である。

たとえば、二〇一一年にギリシャの民主主義が機能不全に陥ったのは、テクノクラシーの実験の結果であって、知者の支配ではない。この場合の専門家は経済学者であった。高名な経済学者であっても、最善の策への糸口をつかめない時もある。経済学者にわかるのは、自分が構築した複雑なモデルを、正常な状態で運用する方法である。つまり、テクノクラートとは、そうした機械に精通した専門家なのだ。だが、機械を稼働させつづけることで最悪の事態を招くこともある。この場合、テクノクラートでは対応できない。

代議制民主主義も、中国の実際的権威主義も、テクノクラシーが介在する余地がある。どちらも、特に経済問題にかかる意思決定において、特別な教育を受けた専門家の裁量がますます大きくなっており、この傾向は経済問題で特に顕著である。世界中で、セントラルバンカーが政治システムの多くの領域で強大な力を持つようになったことは好例だ。その意味で、テクノクラシーは民主主義に取って代わるものではない。ポピュリズムと同じように、民主主義から派生するものと言える。知者の支配が異なるのは、技術に適合した意思決定よりも、「正しい」意思決定を重視する点だ。本来進むべき方向に向かわせようとするのである。テクノクラートは方法を教えてくれるに過ぎない。

実際、知者の支配の機能とはどのようなものだろうか？　誰が賢者であるかをどうやって知るのか、これは難問である。専門家に資格審査のようなものはない。適切と思われるテクノクラートを指名する方が早い。テクノクラートは哲学者より配管工に近い。ギリシャが金融危機から脱するために経済学者を必要とした時、向かったのは、ゴールドマン・サックスや大手銀行だった。多くの技術者を抱えていたからである。機械が動かなくなる時、当事者は大抵理性を失っているものだ。

過去には、政治のテクノクラートでないことを条件に、知見のある者を特定しようとしたこともあった。人生についての大学というものがあれば、知者の支配は、政治的意思決定をする者にその大学を卒業することを要求しただろう。しかし、そのような大学がない以上、大雑把なテストで能力を測るしかない。十九世紀の哲学者ジョン・ステュアート・ミルは、職種によって票の価値が異なる投票制度を主張した。[10] 専門家など教育水準の高い人には六票以上が与えられ、農業者と貿易商には三または四票が与えられた。熟練労働者には二票、未熟練労働者は一票とされた。

また、ミルは女性の投票権が極めて異端とされた時代に、それを推奨した。ただし、彼は男女は権利が平等であるとの思想からではなく、女性、それも教育水準の高い女性は多くの男性よりも有能であるとの考えから主張したのだった。ミルは、正当な根拠があれば、票の重さに格差をつけることに積極的だった。

二十一世紀の私たちから見れば、ミルの考えた制度ははなはだしく非民主的だ。なぜ弁護士には労働者より多くの票が与えられるのか？　こうした問いに対して、なぜ労働者の票が弁護士と同じ扱いになるのか？　とミルは逆に問い返すだろう。ミルはただの民主主義者ではなかったが、テクノクラートでもなかった。法律の専門家に特権を付与するからと言って、弁護士が多くの票を与えられることになったのではない。そうではなく、簡単に答えの出ない難しい問題を考える適性があると見込まれたからこそ、多くの票が付与されたのだ。ミルは、システムには可能な限り多様な視点が反映されるべきと考えたのである。経済と法律の専門家だけで構成される政府は、ミルにとって恐怖だったろう。労働者には票が与えられる。能力が高ければ二票になる。だが、煉瓦積みには能力が必要であるのは確かだが、限定的な能力である。政治には幅広い能力が求められる。ミルは、複雑な問題を多く乗り越えてきた経験値により比重を置くべきと考えたのだ。

ジェイソン・ブレナンはきわめて二十一世紀的な哲学者であり、ミルの考えなどを取り入れて、知者の支配の考え方を復活させようとしている。二〇一六年の著書『反民主主義』で、ブレナンは、ほとんどの有権者にとって、政治問題の多くは複雑で理解できないと指摘している。さらに悪いことに、有権者は事情に疎いことに気づいてさえいない。彼らは自分たちにわかる単純な問題にばかり固執し、複雑な問題を判断する能力はないと述べている。また、ブレナンはこうも書いている。

より多くの移民を受け入れるべきかについて、アメリカで国民投票が実施されると仮定しよう。受け入れる方がよいと判断するには、社会科学に関する膨大な知識を必要とする。移民の受け入れが犯罪発生率や賃金、移民の福祉、経済成長、税収、社会保障費などに与える影響ついて理解していなければならない。だが、ほとんどのアメリカ国民にはそうした知識がない。事実、往々にして間違った方向に向かっているのだ。[11]

言葉を変えれば、ただ知らないというのではない。知らないことすらわかっていないということである。自分たちは正しいと強く思い込んでいること自体が間違いなのだ。

ミルは、仕事の難しさで、その人が複雑な問題に対処できるかがわかると信じていたが、ブレナンの考えは違った。あまりに多くの可能性と社会的条件が関係することを踏まえ、彼は、「選挙について、誤解している、無知である、または社会科学の基礎知識を欠いている市民をふるいに掛ける」[12]ためのテストを実施することが望ましいとした。ただし、これでは誰がテストを作るのか？　という最初の問題に戻るだけで解決にならない。ブレナンは大学で教鞭を執っており、ほとんどの社会科学者が自身のイデオロギーや動機に基づいて行動し、公正さとはほど遠いことがわかっていた。また、テスト前に詰め込み勉強する学生に、独自のバイアスや見落としがあることも理解していた。それでも、高校卒業には追加の五票、大学卒業にはさらに五票、大学院修了にはそれにプラスして五票という具合に、教育水準が高くなるにつれて多くの票を与えるというミルの考えを支持するのである。

ミルが投票制度を考案してから百五十年が経ち、今では、この制度が人々を刺激することをブレナンは十分にわきまえている。十九世紀半ばであれば、社会的立場と教育水準に応じて政治的地位が決定されるという考えに異を唱える者はいなかったが、現在、それは期待できない。さらに、教育水準が高い人は、それ以外の人と同じか、あるいはそれ以上に集団思考に陥りやすいことが、現代の社会科学で数多く証明されている事実ともブレナンは向き合わなければならない。ラリー・バルテルズとクリストファー・エイカンの二〇一六年の共著『現実主義者の民主主義』では、「教育を受けた人と、そうでない人で、倫理的及び政治的思考において過ちを犯す確率は、たとえ教育水準が高い場合であっても変わらないことに疑問の余地はなく、歴史的にも証明されている」[13]と指摘する。認知バイアスは学歴と関係ないのである。社会科学系学部の卒業生のうち、先の移民に関する問いについて、自分の選好でなく、ブレナンの提案するテストの意図に沿って判断する者が何人いるだろうか？　ブレナンの提案した有権者に対するテストは、教育水準が高い人ほど多くの票が与えられるべきと問うものだが、それに対する答えは恐らくノーであり、逆説的な結果になるだろう。誰が採点するかも重要である。

それでもなお、ブレナンはミルの時代よりも知者の支配の必要性は高まっているとする。ミルの時代は民主主義の黎明期だった。ミルの提案は、一八六七年の第二次選挙法改正によってイギリスの有権者数が従来の二倍となる二百五十万人（人口三千万人）に拡大する前に出版された。彼は、時間の経過とともに、知者の支配は民主主義になじんでいくと考えた。賢明な判断ができるようになるにつれて、労働者に付与される票数は増えていく。ミルは、民主政治への参加には教育が大きく影響すると信じていたのである。

ブレナンは、ミルが間違っていた証拠を百以上挙げることができるとする。投票をすることはよくない。それで人々の政治に対する知見が増えることはない。それどころか、民主主義という名の下に、偏見と無知が増幅され、思考停止に陥るだけである。ブレナンは、「多くの人にとって、政治参加はそれほど大事ではない。反対に、百害あって一利なしで、人々を破滅させる。市民がいがみ合うようになる」と書いている。[14] 民主主義であることに安住してしまい、政治を知ろうとしなくなることも問題だ。現状でよしとされる。だが、それではいけない。

最終的に、ブレナンは、哲学的というよりも歴史的な視点から自説を展開していく。民主主義がどう展開していくかわからない以上、できることは幸運を祈るくらいである。だが、彼は知ることを求める。いつまでも誤魔化してはいられないのである。十九世紀半ばにおける民主主義と同じ位置づけを、現代の知者の支配に与えるべきだとブレナンは考えている。彼が提唱する知者の支配はほとんどの人にとって受け容れがたいものだが、民主主義もかつてはそうだったのである。それでも、人々は民主主義に期待している。これまで民主主義に代わるさまざまな制度の実験結果を踏まえ、知者の支配を試行してはどうだろうか？　民主主義が失速したにもかかわらず、なぜ民主主義だけが取り得る選択肢だと考えるのだろう？

　この問いについて考えることは重要である。民主主義が長くつづいたことで、私たちは他の選択肢を考えることをしなくなった。民主主義は、かつて無謀な政治形態と考えられたが、今では警戒の代名詞である。それでもなお、見限ることには慎重であるべきだ。知者の支配は無謀と言える。特に、二つの点で危険である。

　第一は、常に最善の政治形態を期待するあまり、要求水準を高くしてしまったことだ。最悪の事態を避けることで十分という場合もある。民主主義は正解を導くことができないことも往々にしてあるが、少なくとも最悪の選択をしないという長所がある。また、自分が常に正しいと勘違いしている人を明らかにする。民主政治では、絶対に正しい答えはなく、だからこそ、たとえ無知であってもすべての人に票が与えられるのだ。民主主義は、こうしたランダムさという特質があるからこそ、最悪の選択に陥ることを免れているのである。常に新しい選択肢が生まれ、新陳代謝が起こるので、特定の考えに固執せずにすむ。

　また、知者の支配（'Epistocracy'）は、この言葉の後半部分の持つ意味の故に欠陥がある。後半部分は「力《パワー》（'kratos'）」を指し、前半部分が意味する「知（'episteme'）」と組み合わせると、一度進み出すと方向が間違っていても軌道修正できない怪物になる危険がある。そして、完全無欠ということがない以上、間違いは必ず起こる。正解を知らないということは、自分は常に正しいと思い込む人々から身を守る強い盾となるのである。

これに対するブレナンの反論は、言葉の前半部分を入れ替えればよいというものだった（これは、デイヴィッド・エストランドが二〇〇七年の著書『民主主義の権威』で主張した内容に似ている）[15]。傲岸な賢者から個人を守ると言うが、民主主義も力（'kratos'）の一形態である以上、無能な民衆から個人を守ろうと考えることも同じではないか？　というわけである。しかし、両者は同じではない。無知と愚かさは、知識や知恵のように人を抑圧することはない。そうするだけの権能がないのだ。民衆とは常に移り気で、考えを変えるものなのである。

民主主義と知者の支配の問題は、民主主義と実際的権威主義の問題に置き換えることができる。間違った方向に向かっていると考えた場合、どちらの制度の方が望ましいかと自問してみればよい。民主主義であれば、物事が急におかしな方向に向かうことが頻繁に発生するかもしれないが、それは別の問題である。最も欠点の少ない政治形態というよりも、最悪の状況における最良の政治形態であると考えることができる。これは、チャーチルの演説と、その百年前のトクヴィルの発言との違いである。あまり知られていないが、トクヴィルの方がより適切だった。トクヴィルは、「民主主義では頻繁に火の手が上がる。しかし、鎮火されることも多いのである」と。知者の支配が無謀だと言われるのは、過去の歴史のためであるとブレナンは擁護する。民主主義の時代が百年以上つづき、さまざまな欠陥のあることが明らかになったが、同時に、耐えていくことができることもわかった。たとえ問題があろうと、もたらされる利益の方を評価している。ミルが知者の支配を提唱したのは民主主義前夜の黎明期のことで、民主主義が成熟した現在とは事情が異なる。私たちは、今では民主主義の失敗も、それを受け容れることも知っている。

ウェーバーは二十世紀を迎える時に、すべての国民に参政権を付与することは、無知な大衆に徒らに権力を与えるものであり危険だと説いた。また、まともな政治家であれば、一度付与した権利を剝奪することは考えるべきではない。そのようなことをすれば、ひどい反発に遭うだろうとも述べている。すべての国民に参政権を付与するより悪いのは、権利を保持する資格がなくなったと伝えることなのだ。誰がテストを実施したかは兎も角、テストに落第したと、誰が伝えられると言うのだろう？　民主主義は知者の支配の後に到来すると考えたミルは正しかった。前になることはない。この順序を逆にすることはできないのだ。

知者の支配が救済してくれるという認知バイアスは破滅を招く。たとえば、私たちには、役に立つものが手に入らないことよりも、役に立たなくとも、すでに持っているものを失うことを避けようとする損失回避的な性向がある。それは、「ダブリンまでの行き方を教えてもらえないか？」「ここから行こうとは思わないね」という古いジョークに似ている。どうすればよりよい政治にたどり着けるだろうか？　ここから向かうのは適当でないかもしれない。しかし、私たちは今いる場所からはじめるほかないのである。

ここで言いたいのは、テスト以外にも民主政治に知恵を結集する方法はあるということだ。二十一世紀の現在、新たな手法はある。民主主義の抱える問題の多くが、政治家の選挙活動によって発生する不協和音や不満の声が意思決定プロセスに反映されることに起因するのであれば、逆に人々が冷静で内省的な状況であればどう判断するかをシミュレーションすることも一案である。たとえば、有権者に情報があれば関心を持つだろうことや選好するだろうことを推定する。さまざまな推定を入力し、他方で、焦点がぼやけたり、認識を歪めるような情報を取り除いて、疑似選挙を行うのである。ブレナンは次のような提案をしている。

人々の政治的選好や、人口統計上の特徴を調査し、同時に、政治知識について客観テストをすることもできる。ここで得た情報を元に、人口統計に変動がなく、客観テストが満点であると仮定した場合にどうなるかをシミュレーションすることは可能だ。〔もし人々からの請願を受け付ける〕'WE the PEOPLE' のシステムが、人々の話す内容を理解できるとしたならば、かなり高い確率で何が請願されるかを予測することが可能になる〔WE the PEOPLE は、米国ホワイトハウスの Web サイト（whitehouse.gov）の一部をなす、米国政府に対する請願を受け付けるシステムのことで、二〇一一年九月に公開された〕(16)。

ただ、そのようなシステムの下では、民主主義における個人の尊厳は消え去ってしまう。私たち一人ひとりは、機械学習のためのデータでしかなくなる。しかし、人々の関心や選好を予測する精度は上がるだろう。

二〇一七年、キメラというアメリカのデジタルテクノロジー会社が、個人の選好など入力された情報から、有権者に選挙で誰に投票すべきかを助言するAI、ナイジェルが完成間近であると発表した。モウニール・シータ社長は、「ナイジェルは何がその人のゴールであるか、現実的にどうすれば到達できるかについて、収集した情報から解読する。そして、正しい方向に導きつづけるのだ」[17]と述べている。これはブレナンの提案よりも個人を重視し、民主的な尊厳を認めるものだ。ナイジェルはすべての人によいことを示すのではなく、あなた個人にとって何がよいかを見つけ出そうとする。一人ひとりの現実について情報を収集するのである。また、ナイジェルは、人が個人的な選好に依存するだけでは政治的推論ができないことを知っている。あなたの行動や姿勢が十分に入力された機械にサポートしてもらうことで、自分が求めているものが何かがわかるのである。シリはあなたが読みたいと思う本を勧めるだろう。ナイジェルは、支持したいと思う政党や政治的立ち位置を教えてくれるのだ。

これは悪いことなのだろうか？　混乱している子どものように人を扱う様は、多くの人には民主主義のパロディに見えるだろう。だが、シータは、一人ひとりの要求を真剣に取り上げることが民主主義を強化すると考える。民主主義国の政治家は、人々が何を求めているか気にしない。彼らにとって重要なのは、自分の政治的アピールになることを、人々が望んでいると思い込ませることなのだ。ナイジェルは有権者のことを第一に考える。同時に、人々が混乱したり見落としをすることがないように守ろうとする。ナイジェルは私たちの自己理解を助けてくれるのだ。ブレナンは、投票が教育的経験になるというミルの考えを捨てているが、シータは諦めていない。ナイジェルは、人が自分をよりよく知ることができるように導いてくれる。私たちは、自分が何者であるかを学ぶことができるかもしれない。

だが、決定的な欠陥もある。それは、誰でも自分に都合の良いことや、なりたい自分についてしか学ぼうとしないことである。さらに悪いことに、それが自分はこうでありたいという今の願望であり、将来を見据えたものではないことだ。マーケティングで行われるフォーカス・グループのように、ナイジェルはその瞬間の状態を反映する。ナイジェルは、フィードバックループを繰り返すことで機械学習するのだが、そこにはリスクもある。収集される情報が過去の行動に限定されるため、他の人の考えや、新たな視点は加味されないのだ。ナイジェルはただ、その人のアイデンティティと整合的な結果になるように、過去の行動をたどるのである。その人が左に偏れば左寄りの、右に傾けば右寄りの知識を多く蓄積する。それは社会的及び政治的分断を大きくする。つまり、ナイジェルはそれぞれの思考の範囲で完結してしまうのである。

他方、フィードバックループを技術的に修正することも可能だ。結果を増幅するだけであったり、過去のデータから無作為に抽出するのでなく、新たな視点を取り入れるように調整するのである。つまり、自分の考えに固執し過ぎるリスクを軽減するために変化を与えるのだ。たとえば、ナイジェルは、自分の選好に合うものだけでなく、反対の立場を取るウェブサイトを閲覧するように仕向けるのである。一方、ブレナンのモデルでは、ナイジェルは、一人ひとりが本来何を志向するかよりも、選好に沿った姿を強調する。機械が反映する姿が、人々の志向を偏りなく反映するように補正する機械、言うなればナイジェルのためのナイジェルがあれば、人為的に作られた民主主義から歪められた情報を取り除くことができるかもしれない。だが、結局のところ、ナイジェルを操るのは私たちであり、その逆ではない。指図するのは人間なのだ。

だが、ここにもう一つ、二十一世紀に知者の支配を採用することの本質的な問題がある。ナイジェルに指図するのは私たちでなく、システムを作った技術者だということだ。システムのフィードバックループを修正するのは技術者なのである。それ故に、二十一世紀の知者の支配は、テクノクラシーに陥ることを避けることができない。事態が間違った方向に進んでいるとわかっても、技術的に修理することはできない。システムを構築した者でなければ故障を修理できないということは、つまり、エンジニアだけが正しい方向へ軌道修正する能力を持つことを意味する。歴史的には、知者の支配は民主主義の前にくる。決して後ではない。両者の次に現れるのはテクノクラシーである。だが、テクノクラシーは民主主義に取って代わるものではない。ただ歪めるだけだ。

別の道もある。知者の支配の前まで戻ると、他の選択肢に進むこともできる。インプットかアウトプットか？　尊厳か結果か？　最良の結果を追求することは止めて、一人ひとりの自由を尊重すればよいではないか。結果にこだわることはない。

民主主義に対する現代の批判の多くは、成果を重視し過ぎたことが現在の状態を招いたというものだ。そして、事態が悪化することを恐れるあまり、新しい何か、これまでと違うやり方ができずにいるが、テクノクラシーであれば、システムが間違いを犯すことを恐れる必要はなくなる。本当にそうだろうか？　高い経済成長、長い平均寿命、高い教育水準など、とかく成果を追求するあまり、政治及び社会の変革に目を向けてこなかったのだとすれば？

経済成長を考えてみよう。経済が失速すると民主主義も瓦解することは歴史が証明する通りだ。一八九〇年代から二〇一〇年代にかけて、経済の停滞は、ポピュリストの怒りに火をつけてきた。政治家は、こうしたひどい状態にある原因は何かが間違っているからだと主張するが、将来をよいものにしたいのであれば、有権者はそうした声に耳を貸してはならない。経済学者のベンジャミン・フリードマンは、経済成長は経済のためではなく、民主主義が健全に機能するために重要なのだと強調した。[18]　この議論は堂堂めぐりでもある。民主主義を推進するには経済成長が必要であり、経済成長のための政治システムとして民主主義を位置づけたのである。そのレールから勝手に降りることができるのだろうか？

成果からの解放は失敗を恐れずにリスクを取ることができるかにかかっている。過去一世紀の間に民主主義政治家が作り上げてきたタスクを止めることも一つだ。重要なことについては、たとえ政治的安定に必要とされてきた慣習を破ることになろうと、人々の主体的な判断に委ねることもできる。ネットワークとヒエラルキーが結びついて機能する民主主義を捨てることも可能だ。ネットワークを開放してもよい。

この延長線上にある、最も極端なものがアナキズムの世界になる。アナキズムは、誰からも支配されず、集団としての結果は何の意味も持たない。各個人が決めたことがすべてとなる。民主主義を含めたあらゆる政治形態はアナキズムに向かう可能性があるが、儚い幻影以上ではない。ただし、民主主義が時代遅れとなり、人々が関心を持たなくなる時に存在感を増すのである。選択の自由が横行する二十一世紀の現在、アナキズムはオンライン上に溢れている。時として、たとえば「ウォール街を占拠せよ」のデモのように、現実の大通りを埋め尽くす。それでも、現代社会で民主主義に代わる制度ではない。あらゆる政治制度に代わるものであると考えられるが、受け入れられないだろう。

政治制度には他の選択肢もある。デジタル技術は、アナーキー的でなくともネットワークが成立する世界への扉を開いた。このためには、政治が二方向に働きかける仕組みが必要となる。まず、成果に先入観を入れず政治的実験を行う包括的な枠組みの設定。次に、政治的実験の実施である。政治的実験の対象に制限はない。

この考えは、左派と右派の両極を含む、すべての人々に受け入れやすい。右派にとっては、国家の役割は、個人の権利侵害からの保護などしか認められない中立的存在であるとする伝統的リバタリアンの考えと同調するものだった。これは、一九七〇年代にロバート・ノージックが著書『アナーキー・国家・ユートピア』（一九七四年）に記した古典的な概念で、現在でもシリコンバレーで広く読まれている。特に、課税による所得再分配は強制労働に等しいと反対したことは有名だ。富裕層はこの本を好む。なかでも、最も注目すべきは最終章（「ユートピア」）で、最小国家では、個人の自由が尊重され、あらゆる重要な決定を自ら決めることができると論じた。たとえば、どのような社会で生活したいか？　誰と生活したいか？　こうした問題は政治でなく、個人の判断に委ねられている。

上の問いに対して、ノージックはリストをつくる。

ウィトゲンシュタイン、エリザベス・テイラー、バートランド・ラッセル、トマス・マートン、ヨギ・ベラ、アレン・ギンズバーグ、ハリー・ウルフソン、ソロー、ケーシー・ステンゲル、ルバヴィッチ・レッベ、ピカソ、モーゼ、アインシュタイン、ヒュー・ヘフナー、ソクラテス、ヘンリー・フォード、レニー・ブルース、ババ・ラムダス、ガンディー、エドモンド・ヒラリー、レイモンド・ルビッチ、釈迦、フランク・シナトラ、コロンブス、フロイト、ノーマン・メイラー、アイン・ランド、ロスチャイルド男爵、テッド・ウィリアムズ、トマス・エジソン、H・L・メンケン、トマス・ジェファソン、ラルフ・エリソン、ボビー・フィッシャー、エマ・ゴールドマン、ピョートル・クロポトキン、あなたとあなたの両親。ここで

挙げたすべての人々にとって、正しい唯一の生き方というものがあるだろうか？(19)

ノージックは、ユートピアンの理想とする社会がすべての人にとってよいと考えることは間違いだと指摘した。その社会がどのように機能するか、誰が設計したかにかかわらず、それを望まない人はいる。一人ひとり異なる個人が、それぞれのやり方で生きることが可能な社会こそ理想だということに気づくべきである。

共産主義は、それを選好する人にとってはユートピアだが、そうでない人には地獄だろう。同じことはガンディーの禁欲主義や、エマ・ゴールドマンのアナキズム、自由市場の美徳を称賛するアイン・ランドのリバタリアニズムについても当てはまる。

ノージックは、これらすべてが共存し、一人ひとりが自由に選択できる社会こそ、真のユートピアだと考えたのである。

インターネットは、ユートピアを実現するための扉を開いた。デジタル時代になり、あらゆる形態のコミュニティが形成され、繁栄するようになった。なかにはアナキズム的な集団もあるが、システムはルールによって運営されるため、アナキズムになることはない。また、ルールは、巨大IT企業と、それを規制しようとする国家の意向が強く反映されることから、中立的とは言えない。だが理論的には、中立的なルールとすることはできるはずだ。インターネット社会では、多様な生き方が共存することが可能なのである。

ノージックの挙げたリストは二十一世紀に合わせてアップデイトされる必要があるだろう（誰

のでも構わないが、試みに私の考えるリストを挙げておく）。「リアンナ、アイ・ウェイウェイ、マーガレット・アトウッド、トラヴィス・カラニック、マリア・シャラポワ、PSY、ジャネット・イエレン、ラッセル・ブランド、ラリー・デイヴィッド、J・K・ローリング、フランシスコ教皇、リーナ・ダンハム、ムハンマド・アル・ザワヒリ、キッド・ロック、等々」である。実際、ノージックの挙げた面々が時代遅れに思われるのは（ほぼ全員が男性であることを除けば）、人々は有名人の生き方を見て、理想的な善い生き方が何かを知ると考えていることだ。確かに、一九七〇年代には、無名の人にはどう生きたいかを広く伝える手段はなかった。人々に向けて発信できるのは、一握りの幸運な人だけだったのである。デジタル技術によって、すべての人が内なるユートピアについて発信できるようになった。それでもなお、実際にそれができるのは有名人なのだ。人々の注目はセレブと言われる著名人のインスタグラムに集中し、彼らの影響力はかつてないほど大きくなっている。だが、居住する国といった偶然の産物である地理的条件や、セレブが言っているという誘惑に惑わされず、一人ひとりの選好に合った政治グループを作ることは可能なのだ。これこそ、ノージックの言う真のユートピアである。

左派の場合も状況は概ね同じであるが、若干異なる。インターネットが政治システムの恣意から個人を解放するという見方は右派と類似する。左派が違うのは、国家による再分配でなく、自由市場資本主義の呪縛を解くとする点である。左派は金融覇権から脱することが重要だと考えている。

ポール・メイソンは、二〇一五年の著書『ポストキャピタリズム――資本主義以後の世界』（佐々とも訳、東洋経済新報社、二〇一七年）で、情報通信技術が真のリバタリアニズムへ扉を開くと書いている。さらに、「ネットワークの出現で、有効な行動をとる能力は国家や企業、政党の範囲だけにとどまらなくなった。個人や、一時的な集団が、強力な変化の担い手になることはあり得る」と指摘する。[20] ただし、メイソンが想定しているのは、マルクス主義への変革である。

マルクスが、資本家が労働者を搾取しており、労働者は革命によってのみ自由になることができると唱えたことはよく知られている。しかし、労働者を解放する道は他にもある。メイソンは、マルクスが「機械についての断章」として記した、比較的漠然とした一文を読んで、そのことに気づいた。メイソンは著書で次のように書いている。

仕事のほとんどを機械が行う経済では、人間の労働とはまさに機械を監視し、修理し、設計することになる。機械の中に閉じ込められた知識の本質が「社会的」となるに違いない。[21]

ここで言う知識は、資本家に搾取されることはない。人々が知識が組み込まれた機械にアクセスできる限り、その知識はすべての人に共有され、「社会的」なものとなるのである。

デジタル技術によって、社会の主要な資源は労働から情報に変わった。その結果、人間が生活のための労働から解放される世界が現実的となった。人間の代わりに機械が労働するようになれば、人々は思い思いに生きることができるようになる。マルクスは、一八五七年に書いたことがこのような形で実現するとは想像していなかっただろう。だが、メイソンは、マルクスがこうなることを予見していたと信じている。

メイソンは、こうした見方はユートピアの歪んだ形であると認識している。結局マルクスは正しかったという方便では、多くの読者には興ざめだろう。そうした言葉はこれまでに何度も聞いてきたではないか？　だが、マルクス主義ではないが、同じように考える者もいる。フィリップ・N・ハワードの二〇一五年の著書『パックス・テクニカ』（技術による平和）はメイソンの著書ほど大仰ではないまでも、モノのインターネット（Internet of Things, IoT）によって機械が相互に接続し、大量のデータを交換し、制御するようになれば、現代政治のあり方は大きく変容すると主張する。冷蔵庫と電球が話すようになれば、好むと好まざるとにかかわらず、政治の世界は異なるものになるだろう。効率化という名目で、多くの意思決定が人間の手を離れ、機械に委ねられるようになる。その一方、機械が人間のために多大な労力を費やすようになれば、その分、人間は自由に行動することができる。また、機械学習によって政治システムに新たな停滞が生じるかもしれないが、その時は、人間が再び政治の場で創造性を発揮すればよいのである。

ハワードはそのことについて、次のように書いている。

私たちは政治単位や秩序について考えを根本から変えなければならない。デジタルメディアは、ソーシャルネットワークによって変わり、もし望めば、一人ひとりが主体的に政治に関わることを可能にした。人々はテクノロジーによって相互に繋がり、物語を共有することができる。国家、政党、市民団体、そして市民、こうしたものはデジタル化より前の時代の概念である。……モノのインターネットのネットワーク化によって、個人が委任する力は強化された。(22)

ハワードは改革を煽動しているのではない。彼は、未来の政治は二段階になると予想する。一つは、エンジニアやＩＴ企業が主導し、合意形成されたインターネットを統治する仕組みである。もう一つは、人々の間にすでに繋がっているネットワークである。これまでの政府の役割は急速に時代遅れとなるだろう。技術による統治と政治に対する直接行動を両輪とする社会になる。中間的なものが介在する余地はない。

「技術による平和」は、超大国アメリカの覇権が形成する「アメリカによる平和」の次にくるものだ。アメリカによる平和の時代は、トランプがしたことのために過去のものとなった。ハワードは、それでも問題はないと考えている。彼は、「モノのインターネットは、社会の連帯を強化し、政府が機能しない、または弱体化した場合、それに代わるものになるだろう。つまり、政府が不在となれば、人々はモノのインターネットによって統治しつづけるだろう」と書いている。(23)

リバタリアン、革命、テクノクラートの描く未来像に共通する特徴が見られる。それは、目標達成を急ぎ過ぎることだ。シリコンバレーのリバタリアンの象徴的存在であるピーター・ティールは、変化を起こそうと大統領選挙でトランプを支持した。ティールは混乱を歓迎する。それは、結果がどうであれ、混乱は未来への近道だと信じているからである。ハリウッド型社会主義の広告塔であるスーザン・サランドンも、二〇一六年に同様の考えを明らかにしている。ヒラリーを支持しても何も変わらない。トランプに投票しよう、そうすればすべてが変わるというわけだ。

せっかちな理想主義者たちは、みな何を心配するべきか間違っていると口を揃える。人々は混乱を恐れるが、歓迎するべきなのだ、未知の領域に踏み出すことを避けるのでなく、価値ある変革のために必要なことだと捉えるべきと言うのである。ポール・メイソンは、現代政治の短期的目標は、「複雑性を減少させるのではなく……自動化を進め、労働を少なくし、財やサービスを低価格、または無料で大量に供給するのに適した、最も複雑な金融資本を推進すること」(24)と述べている。人間を労働から解放するための機械化なのであるから、資本主義はその目標に最速で向かわなければならない。二十一世紀の政治のモットーは、もっと速く！　なのだ。

こうした見方は、加速主義という新たな哲学の潮流を生み出した。第一次世界大戦前後の未来派はその先駆けである。未来派は、速度、機械化、そして若さを賛美する。それらに付随する暴力についても比較的寛大だった。実際、イタリアのオートバイ第一世代の考え方と近く、衝突や破壊を好んだ。しかし、イタリアの未来派は暗い末路をたどった。一九一九年、未来派はムッソリーニの立ち上げたファシスト党へ合流する。はっきりした輪郭や、それが何をもたらすか顧みない姿勢は、政治的には支持を得られず、失敗した。

私たちの現在の立ち位置を確認するのに、二十世紀は指針にならないと強調してきたが、それと同じように、未来派の顚末が加速主義の行く末を暗示するとも言えない。トランプは絶えずノイズを発する大きなオートバイかもしれないが、インターネットはそれと全く異なるものだ。線は明瞭でなく、無限の複雑さがある。私たちは一九二〇年代を繰り返すのではない。未来派は過去の遺物なのだ。

二十一世紀の加速主義は、芸術的であるだけでなく経済哲学的でもある。提唱者は世界の現状について申し訳ないという気持ちなど持たない。環境保護主義者の多くは、消費を抑え、新たな取り組みをペースダウンし、今あるもので対応することを主張する。加速主義者は、それを自殺行為だと考える。彼らは急速な経済成長を志向するが、それは自分の利益のためでも、既存の政治システムを維持するためでもない。社会変革のためには経済成長が前提条件であるからなのだ。加速主義のマニフェストに次のような言葉がある。成長する速度が速いほど、「未来の扉が開く」のである。[25]

加速主義の言うことは、あまりに誇張され過ぎていると批判されてきた。未来は、私たちが考えるほど短期間に開けるわけではない。これまで長い間、機械は人間が操作するもので、人間が変わらなかったように機械も変わらなかった。未来派の顚末もそれを示している。だが、デジタル革命で状況は一変した。モノのインターネットは、人間を機械から自由にするとともに機械を人間から解放し、加速主義の描く未来の実現に大きな役割を果たす。機械の進歩に応じて変革が進んでいく。人間はその便益を享受すればよい。何もせず、ただ変革の波に乗ればよいのである。

そうした状況には危険もある。人々は未来像を過小評価するより過大評価しがちなのだ。ユートピアンが描く、ネットワークによって解放された世界では、個人は制約されない。インターネットが制約を取り除いた広い地平で、どのように生きるか、誰と共存するかを自ら選択できる。他方、インターネットが解放した世界が、アイデンティティの拠り所のない荒涼とした場所である可能性もある。

どこに属するか人間が自ら選択すると言っても、機械の方では人間として認識しないかもしれない。機械にとって人間はデータの塊であり、インターネット上でデータが分割され、拡散していくにつれて個としての人間は薄れていく。冷蔵庫が電球と会話するようになれば、機械にとって人間は、決済のためのクレジットカードか、または一貫性のない行動の集合に過ぎなくなるのではないだろうか？　イスラエルの歴史家であるユヴァル・ノア・ハラリが述べたように、デジタル革命は人間を「脱個人化」するのである。(26)

それではノージックの考えるユートピアにはならない。たとえ、現代版にアップデイトされたとしてもだ。リバタリアンの楽園は、すべての人間が名前を持つ個人として扱われ、生き方を自由に選ぶことができることが前提になる。だが、加速主義ではそうならない。自分が自分でなく、リアーナがリアーナでなく、ガンディーがガンディーでなくなっても、人々が望むようなコミュニティは成立するのだろうか？　その代わりに、人間は、部分ごとにばらばらに存在するようになる。私たちは多くの部分の集合体であり、機械は部分ごとに認識するのみで、全体は見ない。「脱個人化」すると、自分で生き方を選択することはできなくなる。機械に情報を提供するだけの存在となるのである。

こう聞くと、信じられない、または敗北したと感じるかもしれない。しかし、加速主義では考えられないことではないのである。重要なことは、未来は私たちが思い描くようなものにはならない可能性があるということである。未知の領域なのだ。ユートピアは誰も見たことのない、はるか彼方にあると思われてきた。だが、今では目的地に向かう途中の通過点となるリスクがある。一瞬で通り過ぎ、注目されることもない。そして視界から消えてしまう。

加速主義者の多くは、目的地を通り過ぎてしまうという考え方を歓迎するだろう。終着駅などなく、旅をつづけるのみだと言うのである。だが、遅かれ早かれ、私たちは暗闇の中でジャンプすることになるだろう。恐らく、今後数十年の間に人間と機械の領域は曖昧になる。テクノロジーが、現在の人々には想像できない速度で進化する時点、すなわちシンギュラリティに到達する。その後は、あらゆることが可能になり、何が起きてもおかしくない。

他方、そこに至るまでの間、現代の人間がどのように変化していくかについて考えておく必要がある。一つの論点は、個人のアイデンティティは細分化する方が望ましいという考えである。

デレク・パーフィットは、アイデンティティは一つであるという幻想が、道徳的及び政治的想像力を抑圧してきたと主張する。(27) 人は直観的に、今隣に座っている人よりも、今後二十年の間に共に過ごす人との方が共有するものが多いと思っている。しかし、パーフィットは、そう考えることは間違いで、未来の自分は、物理的に別の空間にいるのと同じように、離れたところに存在しているとする。現在の自分は未来の自分とは異なり、実質的に二人は別々の人間だと考えるのである。

それがわかれば、道徳的な優先順位を見直すことができる。第一に、これまでは自分のことしか考えなかった時間で、近隣の人や遠くに住む人についても気にかけるようになる。第二に、まだ生まれていない世代にとって害となる行為を防ごうと思うようになる（たとえば、天然資源の浪費）。隣に座っている人を傷つけてはいけないのと同様に、未来の自分や他の人々を傷つけてはならないのだ。細分化した個人は、これまでよりも、周りに対して責任を感じるようになるだろう。

これまでのところ、情報通信技術によるこうした効果は認められない。パーフィットが書いたのは一九八〇年代半ば、デジタル革命の前だった。政治は比較的安定しており、冷静な哲学的思索を通じて、お互いのことや未来について考えることができた時代だった。つまり、第一に安定があり、次にアイデンティティを細分化し、それから道徳観を再構築する。現在はこの順序が違っている。第一にアイデンティティを細分化し、次に不安定になり、そして道徳観を見直す。個人の性質は細かく分割され、健康データ、ワッツアップ、ツイッターなど、ばらばらに飛び交っている。これは哲学の講義の中の話ではない。現実に起きていることであり、こうした状況で冷静に判断することはもはや不可能だ。現在のテクノロジーは、人間を自由にするよりも、すり減らしているのである。

また、パーフィットは、人々の相対的平等が道徳を刷新する条件であると考えた。平等な関係の中で、はじめて相手に対して義務を負っていることに気づくことができる。対照的に、デジタル技術による個人の細分化は、格差を拡大した。これは巨大IT企業が富を独占することで生じる格差の話ではない。機械へのアクセスが近い方が有利になるという不平等である。人によって、生活をコントロールする鍵にアクセスする距離が違う以上、決して平等にはならない。

ホッブズの政治理念は平等であることが前提であり、その意味で現代を予見していた。人々は自然によって平等に作られており、互いに争い、攻撃を受けやすい存在であるため、国家が必要とされた。人間という存在は、武器といくらか驚きの要素があれば、人を殺す可能性があると考えられていたのである。リヴァイアサンは殺されることがないので、暴力の連鎖を止めることが可能だった。リヴァイアサンであっても死をなくすことはできないが、自然死はやむを得ないとしても、それ以外の死を減らすことはできる。現在、老衰での死が増えているのは、国家が、たとえば暴力による死といった自然死以外の死が発生しないように護っているからなのだ。

しかし、自然による平等は過去のものになりつつある。技術革新によって、リヴァイアサンの力を借りず、死に抵抗する人々が現れた。はじめは、未来的な治療の費用を支払うことができるごくわずかの超特権階級だけが若返りを実験することができる。多くの実験は失敗に終わるかもしれないが、たとえ僅かでも成功する可能性はある。寿命が大幅に長期化することと格差拡大は、現代政治の根幹を揺るがす。社会秩序の変革は、超人が数人いれば可能だ。彼らは人々を制約するルールの外にいる。情報化時代において、知識は単なる力ではない。政治をも超越した超強力な力なのである。

永遠の生命に対する欲求は、パーフィットの言う、自我を持たない、細分化された個人の世界とかけ離れている。特に、シリコンバレーの富裕層にとって、自我を持たないことは考えられないのである。彼らは、驚くほど若くして巨万の富を手に入れ、未来は自分たちのためのフィールドだと思っている。自分こそがそのフィールドでプレーできると信じて疑わない。そして、死は選ぶものであるということが、普遍的な理念になる。だが、これは、世界で最も大きな権力を持つ人々が、自分たちにとって死は選択肢の一つであると考えたいという意味なのだ。そうでなければ、自分たちの作り出す利益をどうして享受できるというのか？

加速主義のもたらす未来では、あらゆることが起こり得るのであれば、はるか過去の時代のパロディになる可能性もある。自然的平等と現代という要素を除けば、古代エジプト王の時代が蘇る。少数が永遠の生命に取り憑かれ、その他大勢の者はその影に隠れて暮らしている。この前の章で古代エジプト王は現代国家に到底及ばないと書いたが、国家がなければ、現在、古代エジプト王に比肩し得るものはないのである。政治が瓦解すると、人々がばらばらに分割されることから護る手段はない。

　ここまで、現代民主主義に代わる三つの選択肢を検討してきた。実際的な権威主義、知者の支配《エピストクラシー》、そして技術による解放である。最初の二つには見るべき点があるが、それでも、危機的な状況にある現在の民主主義の方がまだマシである。魅力的ではあるが代わりとなるほどではない。三つ目はそのいずれとも違う。不思議で、恐ろしく、ほとんど理解不能という、未来像として考えられる、あらゆる要素を含んでいる。人類の可能性を極限まで拡大したものと言えるだろう。

　現代民主主義よりもよい選択肢があるのは確かだ。想像し得る最も魅力的な未来像の一つは、現在よりもよくなることが明らかな政治システムによってもたらされる。たとえば、ハワードの言う「技術による平和」は、世界平和、個人の自由、さらなる繁栄を組み合わせたもので、これは考え得る最上のシナリオだ。メイソンは、そこから展開して、生きる上でのあらゆることが自由になる未来像を描いた。これらはユートピアンの世界とは異なる。現実に起きている事象から生まれたものなのである。ハワードは、政治が急速に変革すると信じ、それがモノのインターネットが本格的に進展する二〇二〇年頃に起こると予想した。まさに今である。

　一方で、ハワードはそれが可能性の一つであることもわかっていた。実際、選択肢は他にもある。ハワードの著書の副題は「モノのインターネットは私たちを自由にするか、または拘束するか」である。テクノロジーに内在する力が人間を自由にするというのは、権力濫用、格差拡大、政治の機能不全のリスクも孕んでおり、最悪のシナリオでもある。機械には人を解放する潜在的な力があると信じることは、大きな賭けである。

望ましい明日を手に入れるためには、私たちは厳しい試練に耐えなければならない。そして何より重要なのは、今いる場所からはじめるということである。現在は、将来についてのヒントを見つけることができるが、同時に、過去に縛られてもいる。民主主義は忌み嫌われ、信頼を失っているかもしれないが、他の得体の知れない制度よりは身近なもので安心できる。今、この時代が直面しているのは中年の危機なのである。苦しんでみるのもよいかもしれない。

終章　民主主義はこうして終わりを迎える

すべての民主主義諸国、あらゆる社会は他の国の繁栄を見て、そこに自分たちの未来の姿を投影する。競合国が発展していれば、自国は衰退期にあるのではないかと疑う。どこかで民主主義が瓦解すれば、自国の運命を暗示しているのではないかと警戒する。それが他の国のことである限り、民主政治は訓話に飢えているのである。

一九八〇年代終わり、西欧諸国の多くの評論家は、日本の勢いを見て、二十一世紀は日本の時代になると論じていた。民主主義が勝利し、世界に安定と繁栄がもたらされ、やや退屈ではあるが社会は効率的になる。フランシス・フクヤマは、これを歴史の終わりと表現し、日本が（ＥＵと並んで）そのモデルになると述べた。だが、その後日本ではバブル崩壊によって株式市場が暴落し、次世代の代表としての未来像は消し飛んだ。むしろ日本は、思い上がるとどうなるかという見本として語られるようになった。日本が数十年にわたるゼロ成長と政治的停滞の時代に突入したことは、他の国々にとって、バブル崩壊はどこでも起きる可能性があるという生きた教材となった。

二〇一〇年には、今度はギリシャに赤い警告ランプが点灯した。退屈などと言っている場合ではなく、EUは非常事態に陥っていた。西欧諸国の政治家は、ギリシャの例から、民主主義国で債務を管理できなくなるとどうなるかを思い知ることになった。二〇一〇年にジョージ・オズボーンがイギリスの財務大臣に就任すると、彼はギリシャの金融危機を究極の訓話とした。十年に及ぶ緊縮財政策を敢行する際、「問題に向き合わない国家がどうなるか、ギリシャを見ればわかる。そのような結果になることは避けたい」と発言し、十年計画での緊縮財政を実施した。[1] それから十年が経とうとしているが、ギリシャは子どもを怖がらせる力もなくなってきた。瀬戸際で踏みとどまったものの、緊縮財政は企図したような成果をもたらさなかった。だが、それでも人生はつづいていくのである。

現在の民主主義国で、日本とギリシャを民主主義の目指すモデルと考える政治家はほぼ皆無だ。両国の発するメッセージは不明瞭で、訓話にならないのである。日本は政治的及び経済的隘路に入り込んだままだが、社会は十全に機能しており、国民にとって安定した豊かな国である。人類の歴史の中から、生きる時代と場所を宝くじで決めるとした場合、「二十一世紀初めの日本」を引いたならば、当たりくじを引き当てたと思うだろう。ギリシャは日本より混乱した状態にあるが、それでも歴史的に見れば十分に繁栄しており、平和だ。世界には悲惨な状況にある国が数多く存在する。ギリシャの危機は解決していないが、最悪の事態に至ったわけでもないのである。

ここからは、現在、新たに起きている事象を見ていく。中国は日本に代わる東の大国となり、西欧の政治世界にとって頭痛の種だ。中国は私たちを追い越していくかもしれない。逆に、次のバブル崩壊の舞台となる可能性もある。また、ベネズエラはギリシャに代わり、ポピュリズムの猛威に対する警戒を喚起する中心地となっている。二〇一七年十月、イギリスのフィリップ・ハモンド財務大臣は保守党の大会で、ジェレミー・コービンが首相になれば、「ベネズエラ型」の食糧不足と暴動が起きるだろうと演説した。もし左派が、首相、または大統領になれば、ニコラス・マドゥロ（ベネズエラ大統領）のようになる可能性があり、同じように、右派が、首相、または大統領になれば、オルバーン・ヴィクトル（ハンガリー首相）になるか、最悪の場合、トランプになる可能性もある。民主主義に神の加護があらんことを。そのためにも、警告はわかりやすい方がよい。

長年、模範生と目されていた日本とギリシャが、長くつづく低迷から各国の政治家の興味を失い、今や民主主義の終焉について最良の道先案内人であるとは皮肉なことだ。安定した民主主義は、問題を解決しないが、最悪の事態を回避することには驚異的な力を発揮する。ギリシャは何度も道を外れ、転がり落ちたが、こうして見ると、道はまだ長くつづいているようだ。どこで終わるか誰にわかるというのだろう？　先に述べたように、ギリシャ経済は八年余りつづいた停滞から徐々にではあるが回復してきた。債務残高はかつてないほど巨額になっている。チプラス首相の支持率は就任以来の最低水準にある〔執筆時点〕。終わりの見えない金融危機の初期に政権にあった中道右派が復権の兆しを見せている。バルファキスは新著を出版するようだ。

ギリシャと日本の社会的風土は全く異なるが、共通点もある。両国とも地球上で最古の歴史を持つ。また、日本はギリシャより社会の高齢化が進んでいる数少ない国の一つであり、人口の半数を四十七歳以上が占める。両国とも、若年層の不足が喫緊の課題だ。出生率の上昇が見られず、それを促す妙案もない中、解決策として考えられるのは移民受け入れである。だが、若年層の移民受け入れとなると政治的リスクが大きく、それを管理することは難しい。いずれ何かしなければならなくなることは明らかだ。若年層が担ってきた仕事をロボットが代わりにするようになれば、高齢者たちは何もせずゲームに興じるか、健康の心配をして過ごすようになるかもしれない。多くの人が日本はそうなると見ているが、それよりひどい末路をたどる可能性もある。

また、日本は地球上で最も暴力の少ない国である。殺人発生率は先進国で最も低い。政治スキャンダルで政治家が失墜する例は後を絶たないが、暴動や街頭犯罪はほとんど見られない。政治闘争は有害であり、また不毛でもある。ギリシャの犯罪発生率は日本より高いが、歴史的に見て、また、他の欧州諸国との比較においても、暴力事件が発生することはまれだ（ギリシャの殺人発生率はイギリスより低い）。経済の惨状が長くつづいてもそれは変わらなかった。ギリシャは実質的に破綻状態にあったが、破綻国家に陥ることはなかった。政治は質こそ劣化したが、暴動は発生しなかったのである。このことから、民主主義は、非常に多くの苦難に耐え得ることがわかる。

日本とギリシャの物語は、これまで恐れられていたこと、または望ましいとされていたことと全く異なる筋書きをたどった。訓話の観点からは、何かが欠けている。モラルがないのである。

クライマックスに向かうドラマとは違う。民主主義は凍えて身を屈めた状態のまま、助けを待っている。だが、何を待っているのか誰にもわからない。それでも、待つうちに動きが出てくる。常に、必ず、何かが起きるのである。

物語はこれだけでは終わらない。西欧ですら、多くの民主主義国は日本とギリシャより歴史が浅い。そして、波が大きく、潜在的にはより暴力的である。他にどのような未来像があり得るか、その参考とするために、カラカスまで見に行く必要はない。シカゴを見れば十分である。

暴力が減少していると述べてきたが、このことは、スティーヴン・ピンカーの有名な著書『暴力の人類史』（原著、二〇一一年、幾島幸子他訳、上・下、青土社、二〇一五年）によって裏付けられた。(2) だが、近年、様相は複雑になっている。ピンカーはアメリカ全土の犯罪発生率がピークにあった一九七〇年代と一九八〇年代から、二〇一〇年代には歴史的低水準まで低下したと指摘する。しかし、過去二年の殺人発生率は十パーセント上昇した。これは、ラスベガス、ボルチモア、シカゴの三都市が影響している。シカゴでは月平均五十人以上が銃で撃たれ死亡した。これは悪名高い一九二〇年代よりも高い数字である。

このように、最近の暴力増加の要因はさまざまで、一概に言うことはできない。犯罪が急激に増加している都市もあれば、変化のない都市もある。二〇一六年のニューヨークの犯罪発生率は依然として歴史的低水準だった。シカゴでは、犯罪は主に都市部で発生した。七十以上ある警察の管轄区域のうち、殺人事件の三分の二は五つの管轄区域に集中していた。大量殺人が起きた隣の都市では何事もないという状態があり得たのである。

このシカゴ型の殺人事件だけがアメリカの暴力増加の要因ではない。自傷行為の発生件数はそれよりも多い。この十年間で、地方を中心に自殺率は急伸した。今では他人に発砲するより、自分に銃口を向けるアメリカ人の方が多いのである。また、アメリカ中に蔓延する薬物中毒による死は、銃より多くの命を奪い、なおとどまるところを知らない勢いである。交通事故死も増加傾向にある。結果として、アメリカは先進国ではじめて、平均寿命が短くなった。昨年だけで、十万人を超えるアメリカ人が薬物の過剰摂取、または交通事故で死亡している。アメリカ人の大量虐殺が起きているのである。

現在のアメリカで起きていることは、暴力のロングテール現象、つまり、大規模でない、小規模のさまざまな暴力が大量に生まれている状況と見ることができる。暴力には数多くの類型があるが、そのほとんどは特定の類型に集中している。だが、集合的経験とはされない。暴力はなくなっていないのだ。それどころか、拡散し、細分化して、無数の方法で一人ひとりを侵していく。直接関係のない人の印象には残らない。個人的な出来事として扱われ、または、施設に収容されるなど、人々の視界や意識の外に置かれる。アメリカ全土の刑務所には二百万人以上が収監されているが、アフリカ系アメリカ人が圧倒的多数を占める。そこは暴力の一大工場となっているが、政治が取り上げることはない。視界の外、認識の外へと巧妙に追いやられているのだ。

それとは別に、アメリカ社会を激変させかねない暴力の影も色濃くなっている。特にテロといった類いの暴力は、社会が崩壊する前兆だと言われる。一つの間違った行動で、すべてが死に至る。トランプはそれを体現している。すなわち、個人レベルでの低次元な誹謗中傷、そして核による最終戦争の脅威という二つの政治的暴力を生み出しているのである。こうした、暴力のロングテール、すなわち小さな暴力の大量発生を含む、比較的小規模のさまざまな暴力の中には、わずかだが圧倒的な影響力を持つものがある。トランプには、日々暴力にさらされている何百もの人を助けることはできないが、破壊することはできるのだ。

暴力のロングテール現象は、民主主義を縛るものの典型である。そこにある脅威は、あまりに巨大すぎるか、または小さすぎるかのいずれかになる。たとえば、薬物中毒の問題と北朝鮮との核戦争の問題に共通するのは、民主政治では制御することが難しいということだ。個人レベルの問題と、黙示録的な問題の中間にある事象が従来は民主政治が対処する領域だったが、今では戦場は、個人レベルと最悪の事態を予期する黙示録の領域に移った。(3) 政治の登場する中間がないのである。ロングテールでは、中間的な類型が最も被害を受ける。現代民主主義であっても例外ではない。マクロレベルの事象と個人レベルのミクロな出来事が幅をきかせ、これでは妥協の余地がない。人々が感じる政治的な恐怖や不満は、あまりに大きすぎるか、小さすぎて、現在の政治では妥協点を見出すことができないのである。

それにもかかわらず、民主主義は、不確実で答えの出ない事態に耐える能力の故に踏みとどまるだろう。不満にも意味はある。たとえば、自分たちが嫌だと思う政治家を変えることができる。

ひどい指導者――中国では「暴君」と称される――を比較的穏当に抹殺することが可能だ。死に体の政党は処理場に送られる。ただし、民主主義であっても、怠慢であったり、臆病で行動しなければ、暴君がその座を追われないように、制度を作ることは可能である。トルコのエルドアンは、十八年もの間、最高権力者の座にありつづけ、譲り渡す気配はない。しかし、トランプはそうはいかない。アメリカの民主主義は、二〇二五年以降も彼に大統領を委ねるほど怠慢でも臆病でもない。長く政権を維持することはできないだろう。

民主主義は不運な事態を遠ざけることに長けている。確かに、最善の策を断行したくとも思い通りにいかないもどかしさや、不満が募ることは否めないが、最悪の状態に陥ることはない。民主主義は白黒をつけず、決断を先送りにすることを可能にする。その道程が、人々が想像するよりも長くつづいているように思えるのはそのためだろう。

二十一世紀の民主主義にとっての問題は、長所が生かせなくなっていることである。災難を遠ざけるだけでは間に合わない。民主主義が繁栄するためには、長所が個人レベルで認識される必要があるが、今はそこがうまく繋がっていない。長所があり、そのことに対する認識もあるが、同期していないのである。人々は共通する問題の解決を技術の専門家に依存するようになり、社会はテクノクラシーに向かっている。他方、個人レベルでは、承認されたいという欲求がアイデンティティの問題とされる傾向にあり、それはアナキズムに近づいている。二十世紀は、共通の課題解決も、個人の承認の問題も、民主主義と密接に関係していた。二十一世紀には、個人の抱く政治的な怒りが民主主義を引き裂いている。

政党は、かつては民主主義の長所を発揮するツールとして機能していた。しかし、今は個人レベルの承認が政治に強く影響するようになり、人々の代議制民主主義に対する不満の増大によって政党は解体されつつある。これが民主主義の現実であるが、厳しい状況についてオープンに議論する者はいない。政治家は依然として、選挙の度に、八方美人な公約をする。社会運動を盛り上げることで個人レベルの問題も解決する、自分を信じて投票すれば再び偉大な国家になるという具合だ。こうした空疎な公約もじきに馬脚を露わし、その政治家は交代させられるだろう。だが、それで民主主義がよくなるわけではない。

デジタル革命はこうした傾向に拍車をかける。これは時代を象徴する動きと言える。最も声の大きい「課題解決者」はテクノロジー業界の巨人であることが多く、自分たちの技術が、世界の行く手に立ちはだかる難しい課題に対処すると自負している。この新しい課題解決主義の指導者と、多くの信奉者たちは、より民主的な方法で問題が解決されると確信しているので、民主主義に反対することはない。それと同時に、自分たちの技術によって、声なき人々の声を反映し、すべての人が承認される民主主義が実現することができると信じている。ただし、技術と承認をどのように繋ぎ合わせるかは教えてくれない。なぜなら、そうならないからだ。

アメリカ民主主義にとって、マーク・ザッカーバーグがドナルド・トランプ以上の脅威である理由がそこにある。ザッカーバーグは民主制度というシステムを悪用する意図はない。実際、彼から民主主義への不平を聞いたことはない。彼は善意なのである。だが、それこそが脅威なのだ。差し迫った課題は、ばらばらになってしまった民主主義を再び繋ぎ合わせることである。単に断片同士を押し込んだところでまとまることはない。トランプの下でもアメリカ民主主義は存続しつづけるだろう。トランプは任期という消極的な理由でいずれ去ることになる。しかし、ザッカーバーグの影響を取り除くにはより積極的な行動が必要になる。私たちが感じる政治的空洞は、過熱した課題解決主義者と表現主義者によって掘られた空洞であり、この状況にどう向き合うかが今問われているのである。

トランプは登場したが、いずれ退場していく。ザッカーバーグは居続ける。これが民主主義の未来である。ザッカーバーグはひどい状況を引き起こそうと考えているわけではないので、脅威を感じることはない。多くの問題が解決されるが、新たな問題も数多く生まれるだろう。これまで虐げられ、遠ざけられていた人たちが発言できるようになる。そして、ゆっくりと、だが確実に、民主主義は終焉を迎えるのだ。

私にはどのような解決策があるのか？　通常、現代民主主義の停滞を扱った本では、このあたりで著者が建設的な提案をする。私にはない。課題解決主義が問題の一つなのであれば、単なる提案では何も解決しないだろう。

その代わりに、私は二十一世紀に向けた教訓を示したい。将来への指針というつもりではない。そうでなく、現在の立ち位置を確認するためのものだ。どのような結末を迎えることになっても、スタート地点を正しく知っておくことが必要なのである。

・成熟した西欧民主主義は下り坂にある。最盛期は過ぎた。私たちはその事実を理解しなければならない。これまで百年にわたり、驚異的な繁栄をもたらしてきた、ダイナミックな政治形態は、それが最も成功を収めた地で終わりの時を迎えようとしている。それでも、選択肢は十分残されている。本書の後半のような状況になるとしても、まだ多くのことが起こる可能性はある。残り少なくなってからの人生が最も充実するということもある。しかし、そのためには、私たちは過去の若かった日々を取り戻そうと時間を浪費せず、前を向かなければならない。

・同じように、死について考えすぎることも避けるべきである。民主政治は死の影に気づき、息苦しいほど閉塞した状態にある。終着駅まですぐそこの地点にいるのかもしれず、恐れる理由は十分ある。この状況で将来を楽観視することは馬鹿げている。私たちが恐れなければならないのは、恐れそのものの他にも数多くある。しかし、民主主義がある限り、それを維持しなければならない。残された時間を心配することに費やしていたら、時間はただぼんやりと消え去っていくだけなのだ。

・死は、かつて考えられていたようなものではない。はっきりとした生命の終わりから、徐々に進行するプロセスへ変容している。人間で言えば、実質的に死んでいる部分があっても、残る部分で生きながらえている状態である。認知症はアイデンティティを奪うかもしれないが、身体的完全性が侵されることはない。こうした半死半生の状態でも、人はかなり長く生きつづけることができる。現在のテクノロジーが進化するペースを考えれば、半死半生であっても、通常より長く生きる可能性がある。政治システムにも同じことが言える。民主主義は明らかに延命措置が施されている。人工的に強化され、終焉の時期を遅らせ、そのための技術的な修復をすることによって、半永久的に生命が維持されるのである。問題を細分化し、管理することが民主主義の強みである。つまり、民主主義はその死をも分解することができるのだ。そして、部分ごとに延命していくのである。

・民主主義と人類は一体ではない。民主主義が終焉を迎えても、人類が終わるわけではない。逆に、民主主義が救済されたからといって、私たちが救われるものでもない。人間の一生と民主主義の一生のアナロジーには限度がある。

・人生の最期がみな同じでないように、民主主義の歴史がすべて同じ形で終わることはない。民主主義がかつて約束したことを守りつづけている場合には、成功する例が見られるだろう。

他方、明らかにひどい状態に陥っている、過去にあったように崩壊の危機に瀕している民主主義もある。本書を執筆している時点でも、ブラジルの民主主義の脆弱化が顕著だ。最近の世論調査では、ブラジル国民の約半数が、政治経済の危機を脱するための「暫定的な軍事介入」[4]を支持した。クーデタは起こり得るが、民主主義が崩壊していくのを防ぐ方法は無数にある中で、発生する可能性はきわめて低い。また、成熟した西欧民主主義は、他国に指図することは控えるべきだ。ブラジルは次のギリシャではない。私たちは他人の代わりに死ぬことができないように、他国に成り代わることもできない。それぞれの道を進むしかないのである。

西欧民主主義は中年の危機を乗り越えるだろう。運がよければ、少し苦しむだけで済む。だが、そこから再生することはないだろう。今、問題なのは、民主主義が終焉することではない。どのような形で民主主義が終わるかなのである。

エピローグ　二〇五三年一月二十日

二十一世紀後半に何が起きるか、はっきりしていることはあるのだろうか？

技術革新が起きると言われて二十年がとうに過ぎたが、将来の見通しは不透明だ。人間と機械の境界線が曖昧になってくると、日々の生活がどのようになるか想像もつかない。その時、政治がどうなっているか気にすることもない。変革が予期された域まで到達していなくとも、ペースが緩むことはないだろう。変革が進んでいる時に予測をすることは危険と言える。デジタル化時代に予測しても無駄なのだ。

ユヴァル・ノア・ハラリはデジタル革命によって、人類が社会を変える時代が終焉し、歴史は終わりを迎えると論じた。今世紀の間に何が起きるか、それは人間が決めることでない以上、私たちに想像することはできない。社会は機械によって作られるようになり、人間の存在は機械に取って代わられ、希薄になる。ハラリは、人格や良識、道徳的判断、民主的選択はすべて過去の遺物になると考える。現在の人々がどのような未来になるか描けないというのはそういう意味である。進歩は、情報を効率的に活用することで測られるようになる。人間の積み重ねてきた経験

も、一連のデータとして扱われることになるのである。(1)

そうかもしれない。しかし、最終的な到達点をディストピアとするのは飛躍がある。そこまでに何が起きるのか、依然として疑問が残る。最低の悪夢は、多くの場合、歴史の遺物とされるものによって阻まれる。社会現象とされるものが一瞬で消え去ることはない。通常は、燃え尽きる前にひときわ明るくなるものである。そして、民主主義も例外ではない。

私の予測はこうだ。二〇五三年一月二十日、ワシントンＤＣで新たに選出されたアメリカ合衆国大統領の就任式が執り行われる。日時をこれほど正確に予測できる未来の行事は他にないだろう。アメリカ人は内戦の最中にも、二度の世界大戦が進行する時も、大恐慌のただ中にあっても、大統領を選出してきた。デジタル革命でもそれは変わらないだろう。変わるとすれば、それは世界が終わる時だ。

アメリカの民主主義は、ドナルド・トランプ大統領であっても持ちこたえるだろう。大惨事についてはわからないが、クーデタはなく法の支配が崩壊することもない。厳しくとも民主主義は存続し、歴史はつづいていく。未来の政治がどうなるか知る由もないが、民主主義は歴史的遺物として後世に伝えられていくであろう。

二〇五三年一月二十日月曜日、ワシントンはすばらしい晴天であった。陽差しは暖かいが、壇上の人はコートやスカーフを身につけていた。ワシントンでは、一月は雨季の前の束の間、最も過ごしやすい季節である。

新しい大統領は自信に満ち、落ち着いていた。彼は一般投票の二十八パーセントという、過去最低の得票率で大統領となった。それでも、六人いた対立候補に十ポイント差以上をつけて悠々と勝利したのである。選挙人団の制度が改正されたことは彼を有利にしたが、改正前の勝者が州票を総取りする制度であっても僅差で勝利していた。

今や歴代の仲間入りを果たしたリー大統領は、自ら運動を起こし、既成勢力の政党に挑んだ。彼のメッセージは端的に、巨大ＩＴ企業から権力を取り戻すというものだった。民主党と共和党はそれぞれ二名ずつ候補を出したが、いずれの党も一本化できなかった。両党とも威光を失い、もう何年もの間、彼らの時代は終わったと噂されていた。そうした中、リーは、太陽光で財をなした有力者と、クラウドファンディングで選挙資金を調達し、大統領選で次点となったロックスターを大きく引き離した。最終となった大統領候補討論会は飛び入り参加自由であったが、結局、大勢に影響はなかった。

大統領制が混迷を極めていることは誰の目にも明らかだった。アメリカの選挙制度を改正し、今はなきフランス第五共和政をモデルに、投票を二回行うことを可能にするための長いキャンペーンも実を結ばなかった。昔の大統領選出方法を懐古する声もあるが、憲法改正は不可能である。アメリカの大統領制は行き詰まっていた。

八年前に「電子投票」が疑惑を招き、法廷闘争が二年間つづいたことから、いくつかの州では紙を使った投票を復活させた。投票の有効性が争われたチャン＝ザッカーバーグ大統領は、州が集計の有効性に関する判断を下し、政権を維持している。カリフォルニア州は、問題含みの顔認証制度を採用しつづけている。ミネソタ州では、投票所で本人確認するために、ＤＮＡサンプルの提出が義務づけられている。

リー大統領には、中国政府に籠絡されているという噂が絶えずつきまとう。だが、それはさほどマイナスに作用しなかった。ほとんどの投票者はその類いの話に惑わされないことを学んでいる。実際には、中国と緊密な関係があることは多くの人にとってプラスである。また、若い頃、事業を立ち上げる前に短期間ではあるがフェイスブックで働いていたことが取り沙汰されたが、些細なスキャンダルであり、それも乗り越えた。このことについて、彼は、野獣を制御するにはその内部がどう機能しているかを知る必要があると説明したが、これは嘘だった。彼は会計士として財務部門に籍を置いていただけで、事業がどのように運営されているか知る立場になかったのである。

また、リーは大統領選挙の結果が事前に判明しないように、数週間前からインターネットに接続しないように支持者に訴えかけた。彼の戦略は奏功し、多くの人がこれを聞き入れた。「投票しよう、だがシェアはよそう！」がスローガンになった。しかし、選挙は予想とおりの結果となった。ネットワークへの接続が急減したことが、リーの勝利と、誰がリーに投票するかを雄弁に物語ったのである。投票日の翌日に人々がオンラインに接続すると、支持者たちにはホストサーバーから祝福のメッセージが届いていた。

リーの選挙運動の目玉は、窮地に陥ったドル、リーが「人々のお金」と呼ぶドルの防衛だった。彼は紙幣の発行を再開し、アメリカ国内で消費を喚起すると公約した。これはブロックチェーンの減価に被害を受けた、負債を抱えて正規雇用の仕事に就けない大卒といった人々に歓迎された。

リーの支持者は、わずかな生活保護で生きるひきこもり《ステイ・アット・ホーム》とパートの仕事を求めて州を渡り歩く労働者が中心だった。支持率が最も低かったのは、八十歳以上の高齢者だった。高齢者はビットコインを使用しており、退職年金をドル紙幣で支給されるようになるのではないかと恐れたのだ。だが、心配する必要はなかった。ＦＲＢの議長が新大統領に紙幣は偽造リスクをゼロにすることはできないと説明し、新大統領は紙幣再発行を撤回せざるを得なかったのである。それでも、それに変わる案を検討した。

また、議会における勢力を考えれば、リーに多くを期待することはできなかった。政党が分裂し、独立系の議員が増加したことで政治に地殻変動が起きていた。アメリカ権力機構の抑制と均衡は依然として堅固であったが、立法より、むしろ法律の制定を阻む方に強く作用した。これは、リバタリアンには歓迎された。だが、憲法がさまざまな場面で拒否権を認めてきた結果、改革にも拒否権が発動されることになり、行き詰まることになった。かつては、国家の非常事態にはこうした障害を乗り越えることができたが、現在では政治が細分化され過ぎ、障害を一つ取り除いても解決することはできないのである。

リー大統領の就任式に、対立候補や政敵がすべて参加したわけではない。投票率の低い選挙は茶番だという理由で三人が出席しなかったが、大勢に影響はなかった。就任式には多くの観衆が集まり、抗議運動は抑えられた。統合参謀本部の長、議会の指導者、最高裁判所長官等が列席し、式典は滞りなく進行した。

リー大統領は核のボタンを所持していなかったが、過去三十年間の大統領も同様であった。議会はアメリカの核兵器の行使にかかる最終意思決定を、統合参謀本部議長、下院議長、大統領首席補佐官（ホワイトハウスの慣例による指名）の三名に委ねることを決議したのである。この三名のネットワークは常時接続されており、合議によらなければ核兵器の行使を決定することはできないとされた。俗に「三賢人」と呼ばれるが、アメリカが核戦争の危機に何度も直面したことを考えれば、決して皮肉などではない。そして、今回、はじめて全員が女性となった。

リー大統領の就任演説は簡潔で、感情を揺り動かすものだった。壇上にはバーチャルではない、昔と同じように本物の国旗がかけられた。彼は、選挙によって権力がソーシャルネットワークの世界からワシントンＤＣの政治家の手に取り戻されたと述べた。また、アメリカに関係するすべての決定はアメリカの利益となると話した。そして、何よりも、アメリカは民主主義国であることと、これからもそうであることを観衆に訴えた。

彼が壇上を降りる時、前任者が隣の人に「彼は抗議が多すぎる」と言うのが聞こえた。

読書案内

私は、民主主義の厳しい状況について思いをめぐらせてきた。他の多くの人もこのテーマについて考え、書いている。本書で挙げた本や記事以外にも読むべきものは沢山ある。ここでは、私が参考にしたものを紹介しておく。必ずしもそのすべての主張に賛成するわけではなく、また、本書ではさまざまな考えを積極的に紹介したつもりである。そのどれもが、洞察に満ちており、興味深い。

何が民主主義を推し進めさせ、そして後退させたのかという現代政治学の大きな問題について、ダロン・アシモグルとジェイムズ・ロビンソンは共著『国家はなぜ衰退するのか——権力、繁栄、貧困の起源』（鬼澤忍訳、上・下、早川書房、二〇一三年）で、政治的安定をもたらす鍵は信頼できる制度にあると指摘した。これは最も多くの反響を呼んだ。これは同じく二人の前作『独裁制と民主主義の経済的起源 *The Economic Origins of Dictatorship and Democracy*』（Cambridge University Press, 2005）よりも読みやすい。前作の方は計算式があるが、次作にはない。

フランシス・フクヤマの著書『歴史の終わり』（渡部昇一訳、上・下、三笠書房、一九九二年）は現在でも広く読まれている。また、民主主義の興亡について『政治の起源——人類以前からフランス革命まで』（会田引継訳、上・下、講談社、二〇一三年）で説明している。後者は特に拒否型民主主義（ベトクラシー（vetocracy）：拒否権（veto）と民主主義（democracy）の造語）に陥っていることに警鐘を鳴らしており、これを読めばフクヤマが楽観主義者でないことがわかる。

スティーヴン・レビツキーとダニエル・ジブラットの共著『民主主義の死に方——二極化する政治が招く独裁への道』（濱野大道訳、新潮社、二〇一八年）を私の本に盛り込むのは間に合わなかった。民主主義の失敗の歴史からアメリカ民主主義が現在、そして将来間違った方向に向かう可能性を論じており、私とは異なる視点であった。民主主義の「後退」する理由と、トランプの評価についての最新の解説である。私の本とは似て非なるものだが、内容が矛盾するものでなく、補完し合うことを願うものである。

The Journal of Democracy は近年、民主主義の脆弱さの原因について多くの論を掲載している。暗い見通しのものもある。なかでも、前述したナンシー・ベルメオのクーデタに関するものの他、ヤシャ・モンクとロベルト・ステファン・フォアの「民主主義の断絶 *The Democratic Disconnect*」（二〇一六年七月）と、「民主主義が脱定着する兆候 The Signs of Deconsolidation」（二〇一七年一月）は示唆に富む。先進国では、投票行動などから若年層を中心に民主主義離れの傾向が見られることに着目した内容である。

一九三〇年代に民主主義はどこで間違えたのかを扱う良書も数多い。リチャード・エヴァンズは著書『第三帝国の到来』（大木毅監修、全六巻、白水社、二〇一八年）でワイマール共和国の民主主義失敗とトランプの台頭には類似する点があると指摘する。アイラ・カッツネルソンの著書『恐れ――ニューディールと現在の起源 *Fear Itself: The New Deal and the Origins of Our Time*』（Liveright, 2014）は、アメリカ民主主義が一九三〇年代に破綻の瀬戸際にあり、どのように破綻を回避したかを説明する良書である。

ポール・カートリッジの著書『民主主義 *Democracy: A Life*』（Oxford University Press, 2012, 2016）は、時代を大きく遡り、古代アテネの政治を、複雑さや奇妙さも含めて現代に蘇らせる。また、全くタイプの異なるものとして、デイヴィッド・A・モスの著書『民主主義――ケーススタディ *Democracy: A Case Study*』（Belknap Press, 2017）がある。ハーバード・ビジネス・スクールの作成したスコアシートに則ってアメリカの民主主義の成功事例と失敗事例を評価する内容である。すべての人が納得するアプローチではないかもしれないが、選挙権を拡張し、展開することが、定期的に発生する停滞を打開する上でいかに効果的であったか、そして現代ではそれをすることが難しくなった実情を示している。

現代政治理論では、ナディア・アベナッティの著書『損なわれた民主主義――意見、真理、人民 *Democracy Disfigured: Opinion, Truth, and the People*』（Harvard University Press, 2014）が、現代民主主義がどのようにして人々を傍観者とするか、そのさまざまな形態を余すところなく伝えている。彼女の著書『代議制民主主義――原則と系譜 *Representative Democracy: Principles and Geneology*』（University of Chicago Press, 2006）では、民主主義を「移り気な」政治と捉えており、現代政治を理解する上で私が非常に影響を受けた一冊である。

近年、多くの本が陰謀論をテーマに取り上げている。初期の本に、キャシー・オルムステッド『本当の敵――陰謀論とアメリカ民主主義――第一次世界大戦から九・一一まで *Real Enemies: Conspiracy Theories and American Democracy, World War I to 9/11*』（Oxford University Press, 2009）があるが、これは第一級の一冊に数えられる。パンカジ・ミシュラの著書『怒りの時代――現代の歴史 *Age of Anger: A History of the Present*』（Farrer, Straus & Giroux, Allen Lane, 2017）はジャン＝ジャック・ルソーから現在、世界中で起きているエリートに対する攻撃まで、民衆の政治的怒りの長い歴史を紐解いている。彼女は、十九世紀のイタリアのナショナリズムからトランプとモディに至る点を結んでいくのである。ヤン・ヴェルナー・ミュラーは著書『ポピュリズムとは何か』（板橋拓己訳、岩波書店、二〇一七年）で、現代のポピュリズムが政治的勢力を形成する要因について、簡潔かつ明快に解説する。人類終焉に関するリスク産業について勉強をはじめるなら、マーティン・リースの著書『今世紀で人類は終わる？』（堀千恵子訳、草思社、二〇〇七年）が役に立つ。ペーパーバックの第一版では題名に疑問符「？」がなかった。ニック・ボストロムの著書『スーパーインテリジェンス――超絶ＡＩと人類の命運』（倉骨彰訳、日本経済新聞出版社、二〇一七年）は、シリコンバレーを含む幅広い業種がＡＩによって壊滅する潜在的リスクを取り上げている。ソニア・アマデの著書『理由のある囚人――ゲーム理論と新自由主義的政治経済 *Prisoners of Reason: Game Theory and Neoliberal Political Economy*』(Cambridge University Press, 2017) は、核戦争、ゲーム理論、現代経済学を繋いでいる。彼女は、人類終焉のリスクと言われているものには、特に新しくないものもあると指摘する。

企業と国家の複雑な歴史と、両者のハイブリッド型モデルは、今まさに議論されているテーマだ。これについては、アンドリュー・フィリップスとJ・C・シャルマンの共著『多極化時代の国際秩序――インド洋における戦争、貿易、支配 *International Order in Diversity: War, Trade and Rule in the Indian Ocean*』(Cambridge University Press, 2015) が詳しい。近時のインド洋の歴史における外国の覇権は例外であり、絶対と考えるべきではないと述べている。それは正しいかもしれない。

今や、デジタル技術が民主主義にどのような影響をもたらすかを解明しようとする本が巷に溢れている。フランク・パスカルの著書『ブラックボックス社会――マネーと情報を支配するアルゴリズムの秘密 *The Black Box Society: The Secret Algorithms That Control Money and Information*』(Harvard University Press, 2015) は、アルゴリズムに決定させる民主主義は望ましいものでないことを説明してくれる。その反対に、ジェフ・マルガンの著書『巨大頭脳――集合知が世界を変える *Big Mind: How Collective Intelligence Can Change Our World*』(Princeton University Press, 2017) では、機械学習が民主主義の課題を解決する可能性について論じている。ヘレン・マーガレットは共著『政治的動乱――ソーシャルメディアによる集団行動の形成 *Political Turbulence: How Social Media Shape Collective Action*』(Princeton University Press, 2015) で、エコーチェンバー現象や、オンラインを通じた集団思考がプラスに作用すると考えるのは幻想に過ぎないと一蹴する。真実は常によい面と悪い面を併せ持つものなのだ。

さらに、ノンフィクションだけでなく、小説も挙げておきたい。フィリップ・ロスの著書『プロット・アゲンスト・アメリカ――もしもアメリカが……』（柴田元幸訳、集英社、二〇一四年）は、一九四〇年代初め、ファシストが大統領になるという別のアメリカを描いている。これは私の思うところに反する内容で議論するつもりもない。ロスは、実際には起こらなかったことを起きたと仮定し、そうした状況について読者に考えさせたのである。彼がこれを書いたのはトランプが大統領になる十年以上も前、ジョージ・W・ブッシュが愛国者法を制定した時であった。トランプ大統領であっても、ロスの描く過去が現実になるとは思われない。それでも、この小説は、私がこれまで読んだ中で最も恐ろしく、秀逸な作品である。

謝辞

本書を書くきっかけの一つは、ケンブリッジ大学で、陰謀と民主主義（http://www.conspiracyanddemocracy.org）、そして、技術と民主主義（http://www.techdem.crassh.cam.ac.uk）という二つの研究に携わったことにある。私は、その研究において惜しみない支援をしてくれた同僚に心から感謝する。特に、ジョン・ノートンは両方の研究で協働し、絶えず私を励まし、そしてアイディアを与えてくれた。彼の助けがなければ本書は生まれなかった。

また、ポッドキャストのトーキング・ポリティクス（https://www.talkingpoliticspodcast.com）で一緒に働いた同僚と、参加してくれたゲストに感謝したい。私たちは十八カ月という長い時間をともに過ごし、国家と民主主義について語り合った。みなと話をする度に新しい発見があった。特に私に多くのことを教えてくれたヘレン・トンプソンに御礼を述べたい。

プロファイル・ブック出版のアンドリュー・フランクリンは、私に本書の執筆を勧めてくれ、それ以上に、親しみやすく、尊敬できる理想的な編集者だった。そして、ベーシック・ブックス出版のララ・ハイマートも同様である。この二人をはじめ、両出版社の方々の献身的で熱意ある仕事のおかげで本書を出版することができた。感謝したい。私の代理人になってくれたピーター・ストラウスも本書を作る上で重要な役割を果たしてくれた。リサーチ・アシスタントを務めてくれたベンジャミン・ステュードベイカーは本書について議論の相手になってくれたのみならず、新しいアイディアを提供してくれた。

最初に本書の骨子となる内容を発表したのは、トランプが大統領選挙に勝利した直後の二〇一六年十二月、ロンドン・レビュー・オブ・ブックス（*London Review of Books*、LRB）に掲載された、「民主主義の終焉か?」という記事であった。LRBのメアリー・ケイ・ウィルマースはじめ、編集スタッフのサポートに感謝したい。

最後に、愛する妻、ビー・ウィルソンと、こどもたち、トム、ナターシャ、レオに感謝する。妻のビーは私が本書を書いていた同じ時期に自分の本を執筆していた。私の方が先に出版できたのは、何より彼女のおかげである。

訳者あとがき

冷戦終結以降、当然とされてきたグローバリズム、ＩＴ革命が牽引する経済発展、民主主義の政治、そして米国の覇権は急速に陰りを見せ、問題が噴出している。中国の権威主義、トランプ米大統領の就任、ブレグジットは、それを如実に示す。グローバリズムは富の格差を拡大し、ＩＴ革命は情報をめぐる世界的な覇権競争を生み、民主主義は政治を不安定化させ、米国の覇権はリーマン・ショック以来、地に墜ちた。

従来の価値観は失効しつつあるが、新たな価値観はまだ見えない。その狭間にあって、人々の信念は動揺し、世の中はせわしなく変動する。

いまから約百年前、スペインの哲学者オルテガ・イ・ガセットは、こうした狭間、いずれにも落ち着かぬ過渡的状況を、歴史的危機と呼んだ。ここで危機とされるのは、人々が近代文明の諸原則に決定的に確信を持てなくなった事実から生じたものであり、社会は長らく近代という地に定住していたけれど、そろそろ天幕をたたんで、新しい歴史的空間へ、また新しい他の価値観の体系へと、再び旅に出立する時期をいう。

本書は、David Runciman, *How Democracy Ends*（Profile Books, 2018）の全訳である。民主主義が生成、発展してきた系譜をたどり、今の民主主義が終焉した後に来るものについて考察する。

著者は、ケンブリッジ大学政治学教授であり、同じく政治学者の父と医療団体の要職を務める母に育てられた。三代にわたってケンブリッジ大学に学んだ家系であり、両親とも大英帝国勲位を授与されている。自身は二〇一八年、英国学士院フェローに選出された。また、ポッドキャストで *Talking Politics* を毎週配信する気鋭の論客としても知られている。

本書の内容は、オルテガの指摘する危機に重なる。トランプ米大統領の登場は、民主主義が崩壊し、一九三〇年代に逆戻りすることを多くの人に想起させた。だが、著者の見方は異なる。興味深いのは、民主主義は中国の権威主義に負けるわけでも、他のイデオロギーに取って代わられるのでもないとする条である。

著者は、これまで想定されていなかった事象が危機の引き金となり、民主主義が瓦解していくと論じ、現代の危機の類型を三点挙げる。

一つ目は、軍事的ないし政治的動乱でなく、国民投票など民主的手続きを装ったクーデタで民主主義が内部崩壊するというもの。

二つ目は、人々の危機に対する感度が低くなった結果、粛々と終わりの時を迎えるというもの。実際、一九七〇年代には環境問題や核戦争といった危機に国民は団結して対峙したが、現在それは期待できない。

三つ目は、デジタル革命の影響である。この三つ目こそ不気味なのであるが、本書では、その発端は情報スーパーハイウェイ構想を提唱したアル・ゴアではなく、マハートマ・カンディーの予言だったと指摘する。

ガンディーは、『ヒンド・スワラージ』でAmazon、Uber、HelloFreshが到来する時代について述べ、技術が社会をどこへ導くかについて憂いた。ガンディーだけではない。その時代、ドイツの偉大な社会学者であったマックス・ウェーバーもまた、民主主義が機械に支配されると考えた。

そして、ウェーバーとガンディーの時代から遡ること百年、哲学者であり民主主義の改革者であったジェレミ・ベンサムは政治をアルゴリズムに還元しようとした。さらにトマス・ホッブズの一六五一年の著書『リヴァイアサン』では、国家は人間を模した存在であり、四肢が連動するロボットとして描かれた。そのホッブズが最も恐れた機械は会社組織である。会社組織とは実に奇妙で機械的な存在だ。人間の役に立つように作られたが、いつしか、人間が会社組織を代弁するようになる。

本書によれば、現在、AI社会について恐れられていることの多くは、何世紀もの間、会社組織に対して懸念されてきたことと同じだ。会社組織は人工的に作られた怪物である。もしフェイスブックがリヴァイアサンになれば、それは本当の脅威だろう。トランプはいずれ退陣するが、ザッカーバーグは君臨し続ける。これこそが、民主主義の後に来る怪物の正体なのである。

本書の最終章で、著者は日本とギリシャについて述べている。

日本は政治的及び経済的隘路に入り込んだままだが、社会は十全に機能しており、国民にとって安定した豊かな国である。人類の歴史の中から、生きる時代と場所を宝くじで決めるとした場合、「二十一世紀初めの日本」を引いたならば、当たりくじを引き当てたと思うだろう。ギリシャは日本より混乱した状態にあるが、それでも歴史的に見れば十分に繁栄しており、平和だ。

ここに危機を脱する希望がある。民意や国際情勢に翻弄される状態は変わらず、課題は複雑で多岐にわたっている。処方箋を特定の単純な解決策に絞り込むことはできない。おとぎ話に出てくる魔法の銀の弾丸など存在しない。

しかし、ギリシャ、日本、そして世界の多くの国にとって最悪の事態に至ったわけではないのである。重要なことは、感情を煽り立てたり、社会に分断をもたらすような手段に訴えかけることなしに、個々人の、社会、政治へのコミットメントを高めることである。

本書の末尾に、民主主義の危機についての良書が紹介されている。本書が一人でも多くの人に読まれ、危機の本質とは何かを探るきっかけになれば幸いである。本文中の役職・肩書は原書刊行時のものである。また引用文献は既訳をできるだけ参照した。

最後に、本書の出版にあたっては、白水社の竹園公一朗氏に大変お世話になった。氏は多くの企画を抱えながら、常に献身的かつ適切な助言を与えてくれた。ここに本書を出版することができたのは氏のおかげである。心より感謝申し上げたい。

なお、本書出版による印税は、カンボジアとアフリカのこどもたちを支援するボランティア団体に寄附される。

二〇二〇年、コロナ禍の夏に

若林茂樹

訳者略歴
若林茂樹（わかばやし・しげき）
一九七〇年生まれ。一橋大学大学院修士課程修了。日本政策投資銀行勤務。訳書にフランク『ダーウィン・エコノミー』（日本経済新聞出版社）、モヨ『いまこそ経済成長を取り戻せ』（白水社）がある。

民主主義の壊れ方
クーデタ・大惨事・テクノロジー

二〇二〇年一〇月一五日　印刷
二〇二〇年一一月一〇日　発行

著　者　デイヴィッド・ランシマン
訳　者 © 若　林　茂　樹
発行者　及　川　直　志
印刷所　株式会社　三　陽　社
発行所　株式会社　白　水　社

東京都千代田区神田小川町三の二四
電話　営業部〇三（三二九一）七八一一
　　　編集部〇三（三二九一）七八二一
振替　〇〇一九〇‐五‐三三二二八
郵便番号　一〇一‐〇〇五二
www.hakusuisha.co.jp
乱丁・落丁本は、送料小社負担にてお取り替えいたします。

誠製本株式会社

ISBN978-4-560-09792-2
Printed in Japan

索　引

た行

な行

は行

註

はしがき

（1） Francis Fukuyama, ‘The End of History?’, *The National Interest*, Summer 1989(16), pp.3-18.

プロローグ

（1） ‘The Inaugural Address’, *The White House*, *The United States Government*, 20 January 2017, http://bit.ly/2mLGtmv

（2） このアイディアのもとは、Ian Shapiro & Casiano Hacker Cordon 共編 *Democracy's Value*（Cambridge University Press, 1999）に掲載された Adam Prezeworski の “Minimalist conception of democracy: a defense's” である。

（3） ‘Statement by the President’, *National Archives and Records Administration*, 9 November 2016, http://bit.ly/2A28UVs

（4） 同上。

（5） ‘What we are in the middle of and what we have been in the middle of, essentially since election night and all the days following, is a silent coup’, *The Rush Limbaugh Show*, 12 July 2017, http://bit.ly/2hU1ILW

第一章

（1） C.L.Sulzberger, ‘Greece under the Colonels’, *Foreign Affairs*, vol48, no.2, 1970, http://fam.ag/2zjk029

（2） 同上。

（3） Yanis Varoufakis, *Adults in the Room: My Battle With Europe's Deep Establishment*, The Bodley Head, 2017, p.78.（朴勝俊他訳『黒い匣《はこ》　密室の権力者たちが狂わせる世界の運命：元財相バルファキスが語る「ギリシャの春」鎮圧の深層』明石書店、2019 年）

（4） 同上、p.469.

(5) 同上、p.82.
(6) Donald Kagan, *Studies in the Greek Historians*, (Cambridge University Press, 2009), p.46.
(7) Edward N. Luttwak, *Coup D'Etat: A Practical Handbook*, (Penguin Books, 1968), p.9. (遠藤浩訳『クーデター入門：その攻防の技術』徳間書店、1970年)
(8) 同上、p.24.
(9) Adam Roberts, 'Civil resistance to military coups', *Journal of Peace Research* (12, 1975), p.26より引用。
(10) Jonathan Fenby, *The General: Charles De Gaulle and the France He Saved* (Simon & Schuster, 2010), p.467.
(11) Nancy Bermeo, 'On democratic backsliding', *Journal of Democracy* (27, 2016), pp.5-19.
(12) 同上。
(13) Bruce Ackerman, *The Decline and Fall of the American Republic*, (Harvard University Press, 2010).
(14) Sam Bourne, *To Kill the President*, (HarperCollins, 2017).
(15) Chris Mullin, *A Very British Coup*, (Hodder & Stoughton, 1982).
(16) Joseph E. Uscinski et al., 'Conspiracy theories are for losers', *APSA 2011 Annual Meeting Paper*, August 2011 http://bit.ly/2zr6OBx
(17) Joseph E. Uscinski & Joseph M. Parent, *American Conspiracy Theories*, (Oxford University Press, 2014).
(18) Joel Rogers, 'Are conspiracy theories for (political) losers?', YouGov — Cambridge, 13 February 2015, http://bit.ly/2ACrfl5 (full survey results: http://bit.ly/2k2kvNf) 参照。
(19) Christian Davies, 'The conspiracy theorists who have taken over Poland', *Guardian* 'Long Read', 16 February 2016 http://bit.ly/2enJy VI 参照。
(20) 'Free silver and the mind of "Coin" Harvey', in Richard Hofstadter, *The Paranoid Style in American Politics*, (Vintage, 2008) 参照。
(21) 旧版として、Richard Hofstadter, *The Age of Reform: From Bryan to F.D.R.*, (Alfred A. Knopf, 1955) 参照。
(22) Thomas Piketty, *Capital in the Twenty-first Century*, (Harvard University Press, 2014). (山形浩生他訳『21世紀の資本』みすず書房、2014年)
(23) Walter Scheidel, *The Great Leveler: Violence and the History of Inequality From the Stone Age to the Twenty-first Century*, (Princeton University Press, 2017). (鬼澤 忍他訳『暴力と不平等の人類史：戦争・革命・崩壊・疫病』東洋経済新報社、2019年)

第二章

(1) Rachel Carson, 'Silent Spring — I', *New Yorker*, 16 June 1962, http://bit.ly/2zYoOlx（青樹簗一訳『沈黙の春』新潮文庫、1974 年）
(2) John Hersey, 'Hiroshima', *New Yorker*, 31 August 1946, http://bit.ly/2yibwPT（石川欣一・谷本清共訳『ヒロシマ』法政大学出版局、1949 年）
(3) Hannah Arendt, 'Eichmann in Jerusalem — I', *New Yorker*, 16 February 1963(and four following issues), http://bit.ly/2gkvNOi,（大久保和郎訳『イェルサレムのアイヒマン：悪の陳腐さについての報告』みすず書房、1969 年）
(4) 同上。
(5) 'The desolate year', *Monsanto Magazine*, October 1962, pp.4-9.
(6) Paul Krugman, 'Pollution and politics', *New York Times*, 27 November 2014, http://nyti.ms/2B288H9
(7) Eben Harrell, 'The four horsemen of the nuclear apocalypse', *Time*, 10 March 2011, http://ti.me/2hMn8RY
(8) Timothy Snyder, *On Tyranny: Twenty Lessons from the Twentieth Century*, (The Bodley Head, 2017), p.50.（池田年穂訳『暴政：20 世紀の歴史に学ぶ 20 のレッスン』慶應義塾大学出版会、2017 年）
(9) Timothy Snyder, *Bloodlands: Europe Between Hitler and Stalin*, (Basic Books, 2010).（布施由紀子訳『ブラッドランド　上・下：ヒトラーとスターリン 大虐殺の真実』筑摩書房、2015 年）
(10) Derek Parfit, *Reasons and Persons*, (Oxford University Press, 1984), pp.453ff.（森村進訳『理由と人格：非人格性の倫理へ』勁草書房、1998 年）
(11) Craig Lambert, 'Nuclear weapons or democracy', *Harvard Magazine*, March 2014, http://bit.ly/2i2BFgc より引用。
(12) Nick Bostrom, 'Existential risks: analyzing human extinction scenarios and related hazards', *Journal of Evolution and Technology* (9, 2002), http://bit.ly/2jSajtw
(13) 同上。
(14) Raffi Khatchadourian, 'The Doomsday Invention', *New Yorker*, 23 November 2015, http://bit.ly/2zdfTJY
(15) Cormac McCarthy, *The Road*, (Picador, 2006), p.54.（黒原敏行訳『ザ・ロード』早川書房、2010 年）
(16) David Mitchell, *The Bone Clocks*, (Sceptre, 2014).
(17) E.M.Foster, 'The Machine Stops', in *The Eternal Moment and Other Stories* (Sidgwick & Jackson, 1928).（小池滋訳『天国行きの乗合馬車』E・M・フォースター著作集第 3 巻所収、みすず書房、1996 年）
(18) Christopher Clark, *The Sleepwalkers: How Europe Went to War in 1914*,

(Allen Lane, 2013).（小原淳訳『夢遊病者たち：第一次世界大戦はいかにして始まったか』みすず書房、2017年）

第三章

（1） Mahatma Gandhi, *Hind Swaraj and Other Writings*, Anthony J. Parel, ed. (Cambridge University Press, 1997), p.35.（田中敏雄訳『真の独立への道：ヒンド・スワラージ』岩波書店、2001年）
（2） David Edgerton, *Shock of the Old: Tehnology and Global History since 1900*, (Profile, 2006).
（3） Thomas Hobbes, *Leviathan*, Richard Tuck, ed., (Cambridge University Press, 1996), p.9.（水田洋訳『リヴァイアサン』岩波書店、1992年）
（4） Mark Zuckerberg, 'Building global community', *Facebook*, 16 February 2017, http://bit.ly/2m39az5
（5） Dave Eggers, *The Circle*, (Alfred A. Knopf, 2013).（吉田恭子訳『ザ・サークル』上・下、早川書房、2017年）
（6） Mark Zuckerberg, 'Mark Zuckerberg', *Facebook*, 3 January 2017, http://bit.ly2hXwZli
（7） Josh Glancy, 'Mark Zuckerberg's "Listening Tour" ', *Sunday Times*, 23 July 2017, http://bit.ly/2hVF4gM
（8） Eggers, *The Circle*, p.386.（吉田恭子訳『ザ・サークル』上・下、早川書房、2017年）
（9） 説明の全体については、John Ronson, *So You've Been Publicly Shamed*, (Riverhead Books, 2015) を参照。
（10） Ezra Klein & Alvin Chang, ' "Political identity is fair game for hatred": how Republicans and Democrats discriminate', *Vox*, 7 December 2015, http://bit.ly/2ja3CQb
（11） 'Mark Lilla vs identity politics', *The American Conservative*, 16 August 2017, http://bit.ly/2uTZYhy
（12） '5th Republican debate transcript', *Washington Post*, 15 December 2015, http://wapo.st/2mTDrBY
（13） Joseph Schumpeter, *Capitalism, Socialism and Democracy*, (Harper and Brothers, 1942).（中山伊知郎他訳『資本主義・社会主義・民主主義』東洋経済新報社、1995年）
（14） Joe McGinnis, *The Selling of the President 1968*, (Trident Press, 1969).
（15） Robert A. Burton, 'Donald Trump, our AI President', *New York Times*, 22 May 2017, http://nyti.ms/2B3Rt6e
（16） L. A. Scaff, *Max Weber in America*, (Princeton University Press, 2011), p.177.

第四章

(1) Nick Land, 'The Dark Enlightenment: part 1', *The Dark Enlightenment*, (2013), http://bit.ly/2zZA5Cz
(2) 同上。
(3) Curtis Yarvin, 'Moldbug's gentle introduction', *The Dark Enlightenment*, (2009), http://bit.ly/2zft6lk
(4) Alessio Piergiacomi, 'What would an AI government look like?', *Quora*, 30 April 2016.
(5) 同上。
(6) Winston Churchill, House of Commons, 11 November 1947, http://bit.ly/2hMe3bR
(7) Steven Levitsky & Lucan A. Way, *Competitive Authoritarianism: Hybrid Regimes after the Cold War*, (Cambridge University Press, 2010).
(8) Daniel A. Bell et al., 'Is the China model better than democracy?', *Foreign Policy*, 19 October 2015, http://atfp.co/1jRIJXC
(9) 同上。
(10) John Stuart Mill, *Considerations on Representative Government*, (Parker & Son, 1861).（水田洋訳『代議制統治論』岩波書店、1997 年）
(11) Jason Brennan, *Against Democracy*, (Princeton University Press, 2016)
(12) 同上、p.212.
(13) Christopher H. Achen & Larry M. Bartels, *Democracy for Realists: Why Elections Do Not Produce Responsive Government*, (Princeton University Press, 2016), p.310.
(14) Jason Brennan, *Against Democracy*, (Princeton University Press, 2016), p.7.
(15) David Estlund, *Democratic Authority: A Philosophical Framework*, (Princeton University Press, 2007).
(16) Jason Brennan, *Against Democracy*, (Princeton University Press, 2016), p221.
(17) Brian Wheeler, 'Nigel: the robot who could tell you how to vote', *BBC News*, 17 September 2017, http://bbc.in/2x6K1IV
(18) Benjamin M. Friedman, *The Moral Consequence of Economic Growth*, (Alfred A. Knopf, 2005).（佐々木豊他訳『経済成長とモラル』東洋経済新報社、2011 年）
(19) Robert Nozick, *Anarchy, State, and Utopia*, (Basic Books, 1974), p.310.（嶋津格訳『アナーキー・国家・ユートピア：国家の正当性とその限界』木鐸社、1995 年）
(20) Paul Mason, *Postcapitalism: A Guide to Our Future*, (Allen Lane, 2015)（佐々とも訳『ポストキャピタリズム』東洋経済新報社、2017 年）
(21) 同上。

(22) Philip N. Howard, *Pax Technica: How the Internet of Things May Set Us Free or Lock Us Up*, (Yale University Press, 2015), p.224.
(23) 同上、pp.161-162.
(24) Paul Mason, *Postcapitalism: A Guide to Our Future*, (Allen Lane, 2015).（佐々とも訳『ポストキャピタリズム』東洋経済新報社、2017 年）
(25) Alex Williams & Nick Srnicek, '#ACCELERATE MANIFESTO for an accelerationist politics', *Critical Legal Thinking*, 14 May 2013, http://bit.ly/18usvb4
(26) Yuval Noa Harari, *Homo Deus: A Brief History of Tomorrow*, (Harvill Secker, 2016).（柴田裕之訳『ホモ・デウス：テクノロジーとサピエンスの未来』上・下、河出書房新社、2018 年）
(27) Derek Parfit, *Reasons and Persons*, (Oxford University Press, 1984), part 3.（森村進訳『理由と人格：非人格性の倫理へ』勁草書房、1998 年）

終章

(1) 'UK to dodge Greek fare with tough budget — Osborne', *Reuters*, 20 June 2010, http://reut.rs/2jSSnyZ
(2) Steven Pinker, *The Better Angels of Our Nature: The Decline of Violence in History and Its Causes*, (Allen Lane, 2011).（幾島幸子他訳『暴力の人類史』上・下、青土社、2015 年）
(3) Clay Shirky, 'Power laws, weblog and inequality', 8 February 2003, http://bit.ly/1nyyc36 を参照。
(4) Alex Cuadros, 'Open talk of a military coup unsettles Brazil', *New Yorker*, 13 October 2017, http://bit.ly/2gjbW25

エピローグ

(1) Yuval Noa Harari, *Homo Deus: A Brief History of Tomorrow*, (Harvill Secker, 2016).（柴田裕之訳『ホモ・デウス：テクノロジーとサピエンスの未来』上・下、河出書房新社、2018 年）を参照。